中华传统节日

王渝生　主编

中国大百科全书出版社

图书在版编目（CIP）数据

中华传统节日 / 王渝生主编 . -- 北京 ： 中国大百
科全书出版社，2025.1. -- ISBN 978-7-5202-1762-0

Ⅰ . K892.1-49

中国国家版本馆 CIP 数据核字第 2025L4E165 号

出 版 人：刘祚臣
责任编辑：刘敬微
责任校对：黄佳辉
责任印制：李宝丰
出版发行：中国大百科全书出版社
地　　址：北京市西城区阜成门北大街 17 号
网　　址：http://www.ecph.com.cn
电　　话：010-88390718
图文制作：精　呈
印　　刷：唐山富达印务有限公司
字　　数：100 千字
印　　张：8
开　　本：710 毫米 ×1000 毫米　1/16
版　　次：2025 年 1 月第 1 版
印　　次：2025 年 1 月第 1 次印刷
书　　号：978-7-5202-1762-0
定　　价：48.00 元

编　委　会

主编：王渝生

编委：（按姓氏音序排列）

程忆涵　杜晓冉　胡春玲　黄佳辉
刘敬微　王　宇　余　会　张恒丽

目　录

辞旧迎新：春节永恒的主题

　　北京时间 2024 年 12 月 4 日，中国"春节"申遗成功，被正式列入联合国教科文组织人类非物质文化遗产代表作名录。春节历史悠久，由上古时代岁首祈岁祭祀演变而来，在春节期间，全国各地均有举行各种庆贺新春活动，带有浓郁的各地地方特色，这些活动以除旧布新、驱邪攘灾、拜神祭祖、纳福祈年为主要内容，形式丰富多彩，凝聚着中华传统文化精华。

　　"爆竹一声除旧，桃符万户更新。"在中国人的社会生活中，春节是当之无愧的第一大节。自汉代颁布《太初历》以后，千百年来，中国人一直将春节作为时间年度循环的节点。在漫长的历史发展过程中，中国人形成了独特的时间观念。民俗学家萧放指出："在中国民众的传统时间观念中，时间类似生命机体，它有善有恶，有生有死。岁时循环以年度为周期，循环不是追随旧轨的重复而是新一轮的循环，中国民众有着较强的更新意识，旧的不去，新的不来。"

　　在时间年度更新的关键时刻，人们一方面要除旧驱邪，一方面要迎新纳吉。从时间上看，除旧驱邪主要是在年前进行，人们通过丰富多样的仪式活动，表达着对美好生活的向往。早在汉代，腊月里的一项重要仪式活动就是驱傩。《后汉书·礼仪志》中记载："先腊一日，大傩，谓之逐疫。"驱傩一般在腊日前一夜举行，这样做的目的是"逐疫"。岁末驱

汉代方相氏驱鬼逐疫砖

傩由朝廷主办，规模十分浩大，有方相氏、童子、神兽等很多角色。其中，方相氏是整个仪式的核心人物，他戴着黄金四目的面具，双手拿着戈与盾，身穿红衣黑裤，边走边舞，威风凛凛。方相氏的身边还有12个身披毛皮、头上有角的神兽围绕，一起驱逐恶鬼，祈求平安。在民间社会，岁末傩仪虽不如官方傩仪隆重，但是"乡人傩"也是乡间的盛事。

到了南北朝时期，岁末驱邪仍是民间的重要活动。宗懔在《荆楚岁时记》中记载："十二月八日为腊日。谚语：'腊鼓鸣，春草生。'村人并击细腰鼓，戴胡头，及作金刚力士以逐疫。"在普通乡村，人们击打着细腰鼓，戴着胡头面具，扮作金刚力士，一起驱邪逐疫。

为了表示辞旧迎新，春节之前要将"家户大神"——灶王爷送走，待到新年之时再迎接回来，以实现新旧更替。送灶王爷通常是在小年这一天进行，小年也是整个春节庆祝活动的重要起点。在百姓的日常生活中，灶是不可缺少的组成部分，家居日常饮食都与灶密切相关，如此重要的物品必然受到人们的重视。在传统社会，灶王爷是民俗社会信奉最广泛的神祇之一，人们相信有一位专管人间灶事的神仙灶王爷来管理家家户户的灶事。为了表示对灶王爷

祭拜灶王爷

掸尘扫房子

的尊崇，人们要在小年这一天来祭祀这位神仙。

祭灶之俗历史悠久。早在《礼记·月令》中就有记载："祀灶之礼，设主于灶径。"唐代罗隐《送灶诗》云："一盏清茶一缕烟，灶君皇帝上青天。"可见祭灶的习俗由来已久，并历代传承。《辇下岁时记》中记载，唐代人祭灶时要准备酒糟，祭祀时把这些酒糟涂抹在灶王爷的嘴上，让他喝醉，目的是让灶王爷上天多说好话。

送走了灶神，人们开始在家里进行大清扫。宋人吴自牧在《梦粱录》中说开封人年前特别重视扫尘，"士庶家不论大小家，俱洒扫门闾，去尘秽，净庭户"，以祈新岁之安。清代顾禄在《清嘉录》中记载杭州人过年时也特别重视扫尘，称为"打埃尘"，还要专门挑选一个好日子，"腊将残，择宪书宜扫舍宇日，去庭户尘秽。……俗呼'打埃尘'"。直到现在，人们还非常重视年前清扫房屋，让一切都干干净净，焕然一新，迎接新年。

中国地域广大，不同地区人们的春节习俗不尽相同，但在春节之前，人们大都通过驱傩、祭灶、扫尘等不同方式除旧驱邪，准备以崭新的姿态迎接新的开始，守护新的希望。

寓意吉祥的传统年画

每逢春节，人们都喜欢在门上或室内贴上鲜艳悦目的年画来增添祥和的气氛。在古代，人们盛行贴年画以祝愿新年吉庆，驱凶迎祥。其中四川绵竹年画、天津杨柳青年画、山东潍坊杨家埠年画、江苏桃花坞年画在全国最为著名，被誉为中国"四大年画"。

天津杨柳青年画

　　除夕午夜，震耳欲聋的鞭炮声昭示着新年已经到来。清代富察敦崇在《燕京岁时记》中描述了北京城的除夕之夜，人们准备好了鲜果供品，在鞭炮声中迎接神灵，也期盼新的一年风调雨顺、事事顺遂。

　　燃放鞭炮是春节的重要活动。《荆楚岁时记》中记载南朝时荆楚地区大年初一燃放爆竹的场景："正月一日是三元之日也。《春秋》谓之端月。鸡鸣而起，先于庭前爆竹，以避山臊恶鬼。"当时人们认为"爆竹"和"燃草"可以驱邪避鬼。

除夕放鞭炮

　　南宋时每逢春节，开封城也燃放很多鞭炮。吴自牧在《梦粱录》中说："其各坊巷叫卖仓术小枣不绝，又有市爆仗、成架烟火之类。"清代北京城，爆竹制作工艺极尽精巧，能工巧匠们制作了很多绚烂多彩的爆竹。清代潘荣陛在《帝京岁时纪胜》中记载："烟火花炮之制，京师极尽工巧。……其爆竹有双响震天雷、陛高三级浪等名色。"

　　燃放爆竹可以驱邪避鬼，也是喜庆祥和的象征。很多地方都在大年初一子时燃放爆竹，称为"开门炮"。清代《清嘉录》中记载苏州人十分重视放开门爆竹，并且要连放三声："岁朝，开门放爆仗三声，云辟疫疠，谓之'开门爆仗'。"大年初一放三声开门爆竹，寓意"高升三级"，喜事连连。

"新年纳余庆，嘉节号长春。"在新旧交替之时，中国人通过驱傩、祭灶、扫尘、放爆竹、贴春联、拜年等具有辞旧迎新寓意的物品、行为，表达着对幸福生活的憧憬，同时也彰显出中国人强烈的更新、进取意识。

春节民俗的意味

春节是中国第一大传统节日，绝大多数中国人都过春节。过年的传统在中国延续了数千年，春节早已是刻在中国人血脉里的印记。每每临近年关，全国大街小巷都张灯结彩，世界各地的华人聚居地也挂起红灯笼。期盼、欢喜、感动……春节，总能勾起中国人最复杂的情感。

有人说，有中国人的地方，就有中国年。自古以来，春节就是中国人最隆重的节日，它是历史的延续，也是文化的传承。对中国人来说，春节到底意味着什么？

春节为什么定在正月初一

我国传统历法的正月初一就是新年。古代称"新正""元旦""正旦""元日""岁首"，即一年的开端。1912 年改名为春节。

　　传统历法对于正月的设置曾经有过变化。根据汉代文献记载：夏代历法的正月在初春，和现在农历正月相同。商代历法的正月相当于农历腊月。而周代的正月，相当于农历十一月。汉武帝太初元年（公元前104）实施太初历，才恢复夏历。从此，正月一直在初春。因为春季是万物复苏的季节，夏历把正月设置在早春时节最能表达出其作为新年开端的含义，这体现了先民们对生活意义的探索。

　　月亮的圆缺变化周期大约为30天。古人把月亮即将出现的那一天称为朔日、月圆为望日、月尽称为晦日。朔日是月亮即将重现，自然最适合作为一个月的开端，所以每个月的朔日就定为初一。

月球

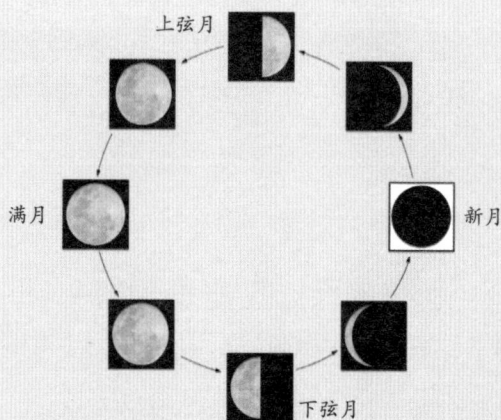

月相示意图

　　一天十二个时辰，24个小时，究竟以哪一个时刻为新旧交替的时刻？古代主要沿用周代人的日始概念，以子时为一天的开端。所以，古人把除夕夜的子时刚刚到来的子初（23点）时刻作为新年的开始时刻。不过，也有人把子正（0点）时刻当作新年开始时刻。

　　1912年，中华民国政府在公务活动中改用公历。同时，为了便于农业生产和民众生活，仍保留农历。于是，公历1月1日取代农历正月初一而称为"元旦"。正月初一改称"春节"。

春节是自然性质的节日

　　农历属于阴阳合历，俗称"阴历"。它同时兼顾太阳和月亮的视运动规律，全面反映了日、月、天、地的运动节律。农历正月设置在早春（春节也总在立春前后），正是太阳直射点从南回归线向北移动，此时大地回春，处于新的四季循环的开端，最能体现出正月作为第一个月的意义。初一是朔日，月亮运行在太阳和地球之间，被太阳照亮的半球背对地球，地球上看不见月亮。因此，初一是月亮从"无"（看不见）到"有"（能看见）的一个新周期的开端。春节设置在正月初一，不论从日（阳）、月（阴）

两方面讲，还是从天（阳）、地（阴）两方面讲，都是名副其实的开端，反映了古代阴阳调和的哲学观念。

所谓公历，实际上是1582年罗马教皇格里高利十三世开始实施、并一直沿用至今的格里高利历。它的纪年法是以耶稣诞生为开端的，具有浓厚的宗教色彩。它同时是一种太阳历，俗称"阳历"。该历法不考虑月相，所以，公历新年那天的月亮形状每年不同，不能体现阴阳和谐的观念。

春节不属于宗教性节日。对春节这样一个纯粹自然性质的节日如此重视，反映了中国人对大自然规律的无比关注。所以，春节是公历元旦无法替代的。

历史上的春节民俗

由于远古时期文献缺乏，春节的具体起源时间不详。

春联起源于古代驱鬼辟邪习俗，现代发展为表达喜庆吉祥意愿的民间艺术。春联出现在

贴对联

唐代。宋代，写春联更加流行。到了明代，贴春联已经普及全国。春联是我国独特的语言艺术形式和书法艺术形式，既表达人们的心愿，又给节日增添了喜庆气氛。

除夕夜的晚饭，俗称年夜饭，或团圆饭。它非常丰盛，要求全体家庭成员都在场，即团圆。团圆是人们对于生活幸福的最基本要求：人人平安健康。

年夜饭

团圆饭之后，人们开始守岁，也就是等待新旧年交接时刻的到来。南北朝时期已经流行守岁。全家欢聚，饮花椒酒、屠苏酒，吃五辛盘。目的是驱邪、除病、保健。皇帝也守岁，并和臣子们一起赋诗助兴。唐太宗李世民召侍臣赐宴守岁，并有4首守岁诗流传下来。守岁习俗也显示出人们对于新旧更替时刻的担忧，按南北朝时期的说法，除夕会有"山臊恶鬼"，近代民间传说有"年兽"，都突出表现了人们对这重要时刻的恐

年兽

惧。当然，民间也有守岁是为老人祈求长寿的说法。

新年来到时，在院子里点燃火把、火堆或炭火盆，在古代称为"庭燎""烧火盆"，现代民间称为"生旺火""烧秦桧"。古代的庭燎是为了驱邪。后来的生旺火已经发展为象征全家兴旺发达。1738年，郎世宁画了一幅《弘历雪景行乐图》，表现的正是乾隆皇帝与子女一起过年的情景。乾隆帝面前放着一个火盆，一个小皇子正在向火盆中放柏枝，正是生旺火的活动。

春节最热闹的活动自然是放爆竹，其原始目的是驱逐鬼怪或迎神。后来以其强烈的喜庆色彩发展为辞旧迎新的象征符号，成为最能代表新年到来时刻的民俗标志。关于爆竹的最早可靠记载见于南北朝时期宗懔的《荆楚岁时记》，书中明确记载新年起床第一件事就是要在自家庭院

《弘历雪景行乐图》

里放爆竹。当时的爆竹是把竹子放在火里烧，产生爆裂声，目的是驱鬼怪。放爆竹同时也象征着宇宙开辟，爆炸之后，青烟上升，竹片落地，和古代神话中宇宙开辟时阳气升为天，阴气降为地完全一致。宋代出现了火药爆竹，即现代的鞭炮。有了火药爆竹，没有竹子的地区也可以放爆竹了，放爆竹于是成为全国性的风俗。后来，人们对于爆竹的象征意义有了进一步的认识——用喜庆的爆竹迎神。无神论者也喜爱放爆竹，因为这是极好的"辞旧迎新"的文化象征符号，使人更加深切地体验到旧与新的差别。

年糕，一般用黏性谷物制作，又名黏糕，谐音"年年高"，包含着人们对未来幸福生活的期盼。北方有黄米年糕、江南有水磨年糕、西南少数民族则有糯米粑粑。

北方最流行的新年食品是饺子。宋朝以前把饺子称为"角子"，或"水角儿"。元代开始有"扁食"的叫法。明清以来，普遍使用"饺子"一词。饺子这种食物被人民创造为文化象征符号，对于其文化象征意义，"饺子"谐音

饺子

"交子",即交子时的意思,象征春节的到来。所以,子时一过,人们立刻开始煮饺子。饺子也包含了美食的意思,古代缺乏肉食,包了肉馅的饺子自然是上好的食物,民间谚语"好吃不过饺子"表达的正是这个意思。春节吃饺子,当然是希望来年能有更多的好食物。

祭祖是春节习俗中最古老的内容之一。中国社会里的宗族力量一直很强大,与之相应的作为宗族思想直接体现的祖先崇拜也一直兴盛。加上儒家思想"以孝治天下"的政治影响,祭祖成为十分重要的民俗活动。家庭是社会的基础,祭祖加强了家庭成

祭拜祖先

员、家族成员的情感联系。

拜年、团拜是新年期间重申、强化亲情关系、社会关系的重要活动。在家庭内，晚辈清晨起床首先向长辈叩头，并祝愿长辈健康长寿。然后再到亲戚朋友家向长辈拜年。而长辈则会给晚辈压岁钱，祝愿他健康成长。这一拜一赐之间，人伦关系就得到重新确认，父慈子孝的道德观念得到表现。古代大臣在新年要向皇帝拜年，这一礼节称为朝正。朝正重申的是皇帝与大臣之间上下尊卑的关系。

清代皇宫里的贺岁拜年

据《清史稿礼志》记载，正月初一早晨天刚亮，百官要齐集太和殿广场给皇帝拜年。那天，广场上排列着銮驾仪仗，大殿屋檐下排列着皇家乐队和金钟、玉磬等乐器。到了辰时（7点），钦天监官员宣布时刻已到，午门上鸣钟击鼓，乐队奏响音乐，皇帝登上太和殿宝座，銮仪卫官员甩响静鞭赞礼官高喊"排班"。百官依照广场上摆放的铜制"品级山"所标注的品级位置列队下跪。这时由两名大学士跪捧贺表，由宣表官宣读。读毕，百官行三跪九叩大礼。礼毕，皇帝赐座赐茶，百官又要叩头谢恩。茶毕，静鞭再鸣，乐队再奏，皇帝下殿，百官退朝，贺岁拜年的大典就算完成了。这时，皇帝便将早已备好的装有"如意"的荷包赐给身边的八旗子弟、宫女、太监们。而荷包里的"如意"通常有金如意、银如意、玉如意和银钱几种。

春节的各项活动是从家庭内部逐步扩大到亲戚之间和整个社会的，人们还会逛各种社区性的大小庙会。到了正月十五元宵节，男女老少还会一同到街上赏灯、看狂欢游

庙会活动

行——高跷、旱船、舞龙、舞狮、秧歌等。所以，春节是一个渗透到社会每一个方面、每一个层次的民族节日。

品味春节

春节是中国传统节日的最高代表，是我们全社会、全民族共同的节日，体现了全社会、全民族的共同文化精神。古人把春节定在正月初一，象征着日月、天地的新开端，体现了中国人民自古以来就追求阴阳调和的哲学观念。新年第一件事是放鞭炮，象征着新时间的开始。春节是人生新希望的象征，象征着未来的生活就像节日一样幸福美满！

春节的全部意义都是围绕着"开端"而存在的：宇宙的开辟、万物的起源、文化的建立、新生活的开端……能够体验春节，品味春节是一种幸福，是一种人生境界！

清代姚文瀚《岁朝欢庆图》

元宵节习俗来历

　　元宵节，又称上元节、小正月、元夕或灯节，是中国的传统节日之一，时间为每年农历正月十五。正月是农历的元月，古人称"夜"为"宵"，正月十五是一年中第一个月圆之夜，所以称正月十五为"元宵节"。

　　据民俗传说，正月十五在西汉已经受到重视。汉武帝正月上辛夜在甘泉宫祭祀"太一"的活动，被后人视作正月十五祭祀天神的先声。正月十五元宵节真正作为全国民俗节日是在汉魏之后。到了隋代，元宵节已经成为重大节日。《隋书·音乐志》中有这样的记载："每岁正月，万国来朝，留至十五日，于端门外，建国门内，绵亘八里，列戏为戏场。"到了唐代，元宵节盛况空前。武则天时期宰相苏味道在《正月十五夜》中写尽了盛唐元宵的动人气象："火树银花合，星桥铁锁开。暗尘随马去，明月逐人来。游伎皆秾李，行歌尽落梅。金吾不禁夜，玉漏莫相催。"都城平时都有宵禁，官兵昼夜巡逻，私自夜行者处以重罚。但在元宵节期间，官府会下令特许打开坊门，弛禁三夜，任由人们彻夜狂欢。

从唐代起，元宵张灯即成为法定之事。宋代谜语与元宵赏灯相结合，才出现了灯谜。就节期长短而言，汉代才一天，到唐代已为3天，宋代则长达5天。明代更是自初八点灯，一直到正月十七的夜里才落灯，整整10天。至清代，又增加了舞龙、舞狮、跑旱船、踩高跷、扭秧歌等内容，只是节期缩短为四五天。随着社会和时代的变迁，元宵节的风俗习惯早已有了较大的变化，但至今仍是中国传统节日。

辽宁盖州高跷秧歌

元宵节的起源传说

　　元宵节起源传说之一——民间开灯祈福古俗　有一种说法认为元宵节起源于民间开灯祈福古俗。开灯祈福通常在正月十四夜开始"试灯"，十五夜为"正灯"，民间要点灯盏，又称"送灯盏"，以进行祭神祈福活动。东汉佛教文化的传入，对于形成元宵节习俗也有重要的推动意义。汉明帝永平（公元58～75）年间，汉明帝为了弘扬佛法，下令正月十五夜在宫中和寺院"燃灯表佛"。因此，随着佛教文化影响的扩大及后来道教文化的加入，正月十五夜燃灯的习俗逐渐在中国扩展开来。

　　元宵节的起源传说之二——火把节　这种说法认为元

宵赏灯始于上古民众在乡间田野持火把驱赶虫兽，希望减轻虫害，祈祷获得好收成。隋、唐、宋以来，更是盛极一时，参加歌舞者达数万人。直到今天，在中国西南的一些地区，人们还在正月十五用芦柴或树枝做成火把，成群结队高举火把在田头或晒谷场跳舞。

元宵节的起源传说之三——"三元说" 还有一种说法认为元宵燃灯的习俗起源于道教的"三元说"。上元，含有新的一年第一次月圆之夜的意思。上元节的由来，《岁时杂记》中认为这是因循道教的陈规。道教曾把一年中的正月十五称为上元节，七月十五称为中元节，十月十五称为下元节，合称"三元"。汉末道教的重要派别五斗米道崇奉的神为天官、地官、水官，并认为天官赐福、地官赦罪、水官解厄，并以三元配三官，说上元天官正月十五生，中元地官七月十五生，下元水官十月十五生。这样，正月十五就被称为上元节。

元宵节为何要吃元宵

元宵作为食品，在中国有着悠久的历史。宋代，民间即流行一种元宵节吃的新奇食品。这种食品最早叫"浮元子"，后称"元宵"，生意人还美其名曰"元宝"。古时

元宵

"元宵"的价格比较贵，有诗云："贵客钩帘看御街，市中珍品一时来。帘前花架无行路，不得金钱不肯回。"北方"滚"元宵，南方"包"汤圆，这是两种做法和口感都不同的食品。

民俗专家表示，煮汤圆时，因为它开锅之后漂在水上，煞是好看，让人联想到一轮明月挂在天空。天上明月，碗里汤圆，家家户户团团圆圆，象征着团圆吉利。因此，吃汤圆表达的是人们期待阖家团圆的美意。

元宵节为何闹花灯

农历正月十五是"元宵节"，此节日民间有挂灯、打灯、观灯习俗，故也称灯节。闹花灯是元宵节传统节日习俗，始于西汉，兴盛于隋唐。前面已提到，汉明帝永平年间，大力推崇佛法，在正月十五这天晚上，为了能够更好地"参佛"，他要求在宫中和寺院"燃灯表佛"。这其实也是元宵节点灯或者观灯的起源。随着时间流逝，这种形式传入民间，就有了元宵节赏灯的习俗。当然在很多地区还有元宵节放灯的习俗。此外，还有一种说法认为，正月十五燃灯习俗的兴起也与佛教东传有关。

唐代佛教大兴，仕官百姓普遍在正月十五这一天"燃灯供佛"，佛家灯火于是遍布民间。从唐代起，元宵节张灯即成为法定之事，元宵节赏灯十分兴盛，无论是京城或是乡镇，处处张挂彩灯，人们还制作巨大的灯轮、灯树、灯柱等，满城的火树银花，十分繁华热闹。唐代元宵节期间的花灯规模有多大？《太平广记》等书中记载，唐玄宗在东都洛阳建灯楼"结构缯采，为灯楼二十间，高百五十尺，悬以珠玉金银，每微风一至，锵然成韵，仍以灯为龙凤虎豹腾跃之状，似非人力"。除了皇帝本人，达官贵人们也纷纷斥以巨资打造各不相同的灯盏，观灯活动让都城"士女无不出游，车马塞路，有足不蹑地浮行数十步者"。

隋唐以后，历代灯火之风盛行，并沿袭传于后世。在宋代出现了专门的灯市，灯市从正月十五持续到正月十九，灯品也琳琅满目，如《东京梦华录》里记载元宵节

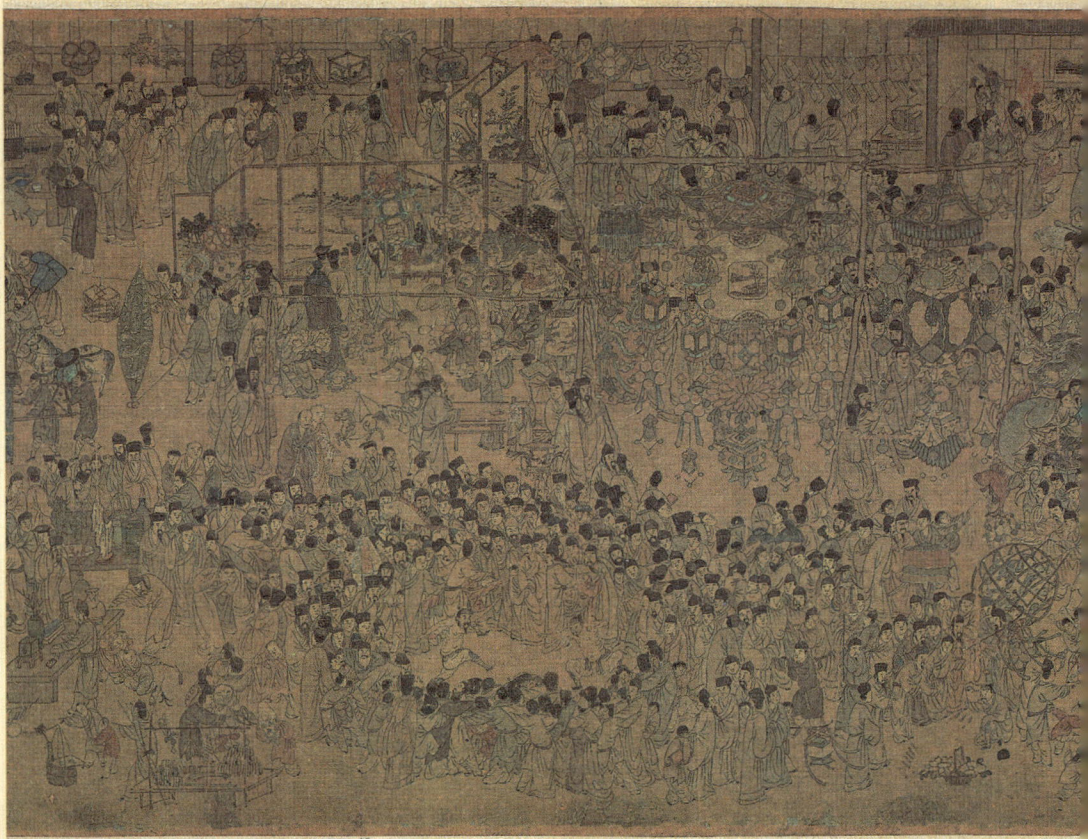

明代佚名画作《上元灯彩图》

上有"望之蜿蜒，如双龙飞走"的龙灯，也有数百人抬着行走、高达数丈的"鳌山灯棚"，上面布置各种彩灯，燃灯万盏，名"鹁鸽旋"。明朝，元宵节的花灯式样也一直在翻新，在明代绘画《明宪宗宫中行乐图》中就描绘了很多宫灯的样式和其他习俗的场景。清朝，满族入主中原，宫廷不再办灯会，民间的灯会却仍然壮观。

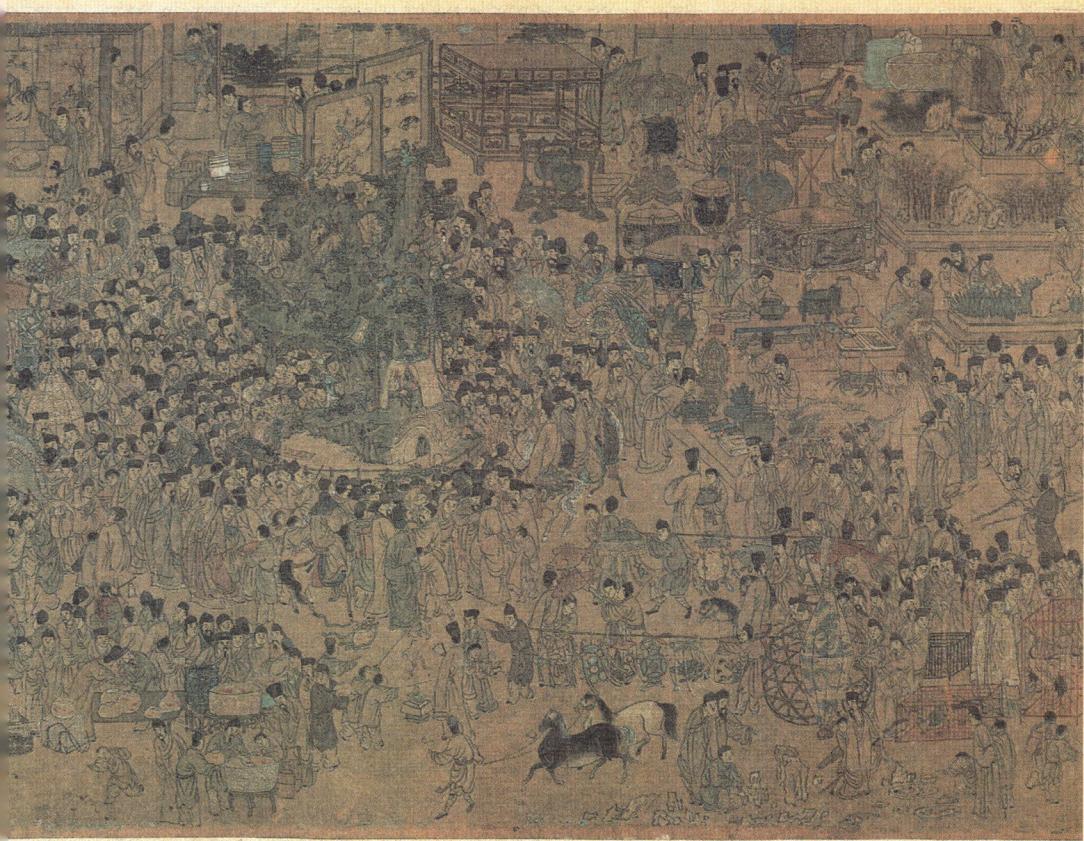

元宵节猜灯谜的由来

　　灯谜的基础是谜语，早在春秋战国时期谜语就已经出现，当时叫作"隐语"或"瘦词"；到汉代时，逐步演变成为以破译文字形义为主的谜语；三国时期，谜语书面创作形式已十分盛行。到宋代兴起了猜灯谜，至今不衰。宋代名人王安石、苏轼等都是制谜语的高手。在南宋，猜灯谜已经成为元宵节的一种游戏方式了。南宋周密在《武林旧事》中云："以绢灯剪写诗词，时寓讥笑，及画人物，藏头隐语，及旧京诨语，戏弄行人。"其中，"藏头隐语"即是谜语。南宋时，每逢元宵节，都城临安

元宵节猜灯谜

的一些好事者会把谜语写在纸条上，然后贴在五光十色的彩灯上供人猜玩。充满趣味又能启迪智慧的灯谜，深受人们的欢迎。

元宵节猜灯谜成熟于明清时期。清顾禄《清嘉录》中记录有当年苏州元宵节猜灯谜的情景："好事者巧作隐语，拈诸灯。灯一面覆壁，三面贴题，任人商揣，谓之打灯谜。谜头皆经传、诗文、诸子百家、传奇小说及谚语、什物、羽鳞、虫介、花草、蔬药，随意出之。"猜中者有奖，

奖品有巾扇、香囊、果品、食物等，谓之"谜赠"。猜灯谜在明清小说中也多有描写，如《红楼梦》第二十二回中的情节："忽然人报娘娘差人送出一个灯谜来，命他们大家去猜，猜后每人也作一个送进去。"

元宵节为何要舞狮子

舞狮子是我国传统民间艺术，每逢元宵佳节或集会庆典，民间都以舞狮助兴。这一习俗起源于三国时期，南北朝时开始流行，至今已有1000多年的历史，据说最早是从西域传入的。狮子是文殊菩萨的坐骑，随着佛教传入中

舞狮

国，舞狮子的活动也传入中国。狮子是汉武帝派张骞出使西域后，和孔雀等一同带回的贡品。而舞狮的技艺却是引自西凉的"假面戏"。唐代时舞狮已成为盛行于宫廷、军旅、民间的一项活动。诗人白居易在《西凉伎》一诗中对舞狮的情景有生动的描绘："西凉伎，西凉伎，假面胡人假狮子。刻木为头丝作尾，金镀眼睛银帖齿。奋迅毛衣摆双耳，如从流沙来万里。"

在1000多年的发展过程中，舞狮形成了南北两种表演风格。北派舞狮以表演"武狮"为主，即魏武帝钦定的北魏"瑞狮"。南派舞狮以广东为中心，并风行于港澳、东南亚侨乡。南派舞狮虽也是双人舞，但舞狮人下穿灯笼裤，上面仅仅披着一块彩色的狮被而舞。和北派舞狮不同的是"狮子郎"头戴大头佛面具，身穿长袍，腰束彩带，手握葵扇逗引狮子，以此舞出各种优美的招式，动作滑稽风趣。

狮子郎逗引狮子

回到宋代闹元宵

狂欢节是西方的舶来品，五彩缤纷的装饰和目不暇接的游行队伍，让人置身于欢愉的节日氛围之中。事实上，宋代也有"狂欢节"，即人们熟知的元宵节。在宋代的节庆民俗中，宋人有"独喜上元"的传统。每逢元宵节，宋人就开启了七天长假模式。夜幕垂降，街市上灯火通明，

元宵节花灯展

游人如织，不少文人墨客、达官显贵穿戴一新，赏花灯、猜灯谜，好不热闹。少男少女们则结伴同行、徜徉街市，边看演出边购物，好不快活。就让我们一起穿越回宋代，看看宋人是如何过元宵节的。

赏花灯

相传，元宵节肇始于西汉时期。佛教西来以后，每逢正月十五，汉明帝都要在宫廷内燃灯表佛。魏晋时期，随着道家的兴起，正月十五被定为"上元节"，是为天官赐福之辰。隋唐以后，元宵节更是成为人们十分喜爱的节日之一。

在众多的节庆活动中，赏花灯是必不可少的。常言道："正月里，

唐代放灯日图

正月正，正月十五闹花灯。"唐代，人们要张灯三夜。北宋乾德五年（967），宋太祖赵匡胤下诏延长元宵节放灯时间至五夜。南宋以后，赏花灯的时间更是延长至六夜。

事实上，元宵节的节日氛围早早就开始酝酿了。除夕入夜时，北宋都城汴京，从大内宫廷到市坊街巷，各种花灯争奇斗艳，颇为艳丽。冬至刚过，人们便早早用竹木在宣德门前的御街上搭好了用于放灯的棚楼，并装饰有鲜花、彩旗、锦帛，还挂有布画，所画内容大多为神仙故事，这种棚楼名曰"山棚"。随着元宵节的临近，人们还在御街山棚的两侧摆出身骑狮子的文殊菩萨塑像和身骑白象的普贤菩萨塑像。从菩萨的手指间可以喷出五道水流，这是最早的人工喷泉装置。从山棚到宣德门前还有一片空旷的广场，人们在广场上用棘刺围成一个大圈，长百余丈，名曰"棘盆"。棘盆内搭建有乐棚，教坊的艺人就在此表演音乐和百戏。

宫廷的花灯最为奢华。据史料记载，北宋宫廷内制作的"琉璃灯山",高五丈,上面绘有各式人物,并由机关控制,活动自如。深夜时,机关则发挥作用,时而"乐声四起",时而"放烟火百余架"。每到放灯之时,山棚万灯齐亮,上面还站有身姿曼妙的歌姬舞女。山棚还置有人工瀑布,即用辘轴将水绞上山棚顶端,然后装入一个巨大的木柜中,定时将木柜的出水口打开,让水冲刷而下,形成颇为壮观的瀑布景象。在花灯的映照下,人工瀑布光彩夺目。

民间也是家家灯火,处处管弦。民间百姓装饰的花灯主要有:"马骑人物,旋转如飞"的走马灯;"以五色珠为网,下垂流苏,或为龙船、凤辇、楼台故事"的羊皮灯;

走马灯

"镂镂精巧，五色妆染，如影戏之法"的罗帛灯……其中，"无骨灯"最吸引人的眼球，这是一种浑然一体的大玻璃球，制作工艺奇巧。此外，还有一种名为"大屏"的巨型灯，这种灯使用水力驱动旋转，装饰五色琉璃，炫目多彩。

南宋时，赏花灯的习俗并未因战事而消失。渐入冬季后，都城临安西湖旁的各个寺庙就开始装饰花灯，人们可以边在湖旁嬉戏逛街，边观赏花灯。临安城内的大户人家，元宵节也要张灯结彩。据记载，清河坊的蒋府、张府等富家林苑，不但挂出异巧花灯，还会放烟花、唱雅戏，笙歌并作。在元宵节的这天，临安城

凤船灯

045

内的许多私家林苑都会对外开放，游人可以驻足观赏，主人还会向宾客们提供"奇茶异汤，随索随应"，难怪人们久久不愿离去。临安城内的各大酒楼也都会点起花灯。

元宵节舞鱼龙灯的习俗

在元宵节夜晚千万盏形态各异的花灯中，最为抢眼的算是鱼龙灯。东汉张衡《西京赋》中就有鱼化龙、龙化鱼的记载。两千多年前，在西汉京都长安，鱼灯、龙灯及鱼龙文艺已盛极一时。

宋朝词人辛弃疾在《青玉案·元夕》中曾赞美元宵节时民间艺人通宵达旦舞鱼龙灯的盛况："东风夜放花千树，更吹落，星如雨。宝马雕车香满路。凤箫声动，玉壶光转，一夜鱼龙舞。蛾儿雪柳黄金缕，笑语盈盈暗香去。众里寻他千百度，蓦然回首，那人却在，灯火阑珊处。"

元宵晚会

元宵节时京城街巷布置精美，耗资颇巨。据《东京梦华录》记载："又于左右门上，各以草把缚成戏龙之状，用青幕遮笼，草上密置灯烛数万盏，望之蜿蜒，如双龙飞走。……内设两长竿，高数十丈，以缯彩结束，纸糊百戏人物，悬于竿上，风动宛若飞仙。"

有趣的是，宋人还要举办"元宵联欢晚会"。元宵节夜晚的二更时分，也就是现在的 21 点至 23 点，皇帝乘着小轿出来赏花灯，然后登上宣德门城楼，观赏"元宵联欢晚会"。宣德门下早已搭好大露台，诸色艺人就在露台上表演节目，民众在台下一睹龙颜，一派君民同乐的祥和气氛。

宋代的"元宵联欢晚会"究竟上演了哪些精彩绝伦的节目呢？我们依据古籍中收录的一份宋理宗寿辰文娱汇演节目表，大致可以推想元宵晚会的盛况。

节目一：唱赚（南宋时盛行的一种说唱艺术）——《升平乐》。

节目二：说诨话（宋代十分流行的语言类节目，类似于今天的脱口秀，以诙谐、讥讽为特色）——《齐谐》。

节目三：相扑竞技。相扑是宋代国技，女性相扑表演在当时更是堪称一绝。据史料记载，嘉祐七年（1062）元宵节，宋仁宗驾临宣德门城楼亲自观看女性相扑表演。

节目四：说书（宋代兴起的一种民间娱乐活动）——《中兴名将传》。

节目五：影戏（宋代十分流行的一种表演艺术，类似于皮影戏）——《群仙会》。据《武林旧事》记载，南宋上元元夕，人们齐聚戏楼观看影戏。

节目六：舞绾（舞蹈表演）——《寿星》。

节目七：杂扮（南戏杂剧的散段，类似于今日的相声艺术）——《四时欢》。

节目八：筑球比赛。筑球为宋代蹴鞠的比赛形式之一，类似于现在的足球赛。每逢盛大节日，宋人都会举行盛大的筑球表演赛。

节目九：傀儡戏（即木偶戏）——《踢架儿》。

节目十：杂技——《永团圆》。

节目十一：魔术（宋代也有专业的魔术表演，名为"手法""撮弄"）——《寿果放生》。据史料记载，南宋时颇为有名的魔术大师杜七圣，擅长表演"杀人复活"的把戏，即将人的头颅切下，然后瞬间依原样接上去。

节目十二：弄虫蚁。在宋代，民间流行一种训练虫蚁的表演把戏。艺人首先摆出一个水缸，以敲小铜锣为信号，然后呼喊"龟""鳖""鳅鱼"等名号，这些小动物随之浮于水面。见此状，艺人佩戴面具跳舞。舞蹈结束后，虫蚁等皆沉入水中。

节目十三：沙书（宋代已出现类似于今日的沙画表演）——《月中仙》。

节目十四：武术表演。

节目十五：滑稽戏（风靡于宋代的一种曲艺形式，以简约的情节、滑稽的台词以及"抖包袱"逗乐为主）——《吹牛》。

观赏完"元宵联欢晚会"之后，人们意犹未尽，纷纷出城探春。城内的园林、城外的山水，都是人们探春的好去处。一时间，街市两旁笙歌鼎沸，好一派热闹的景象。

闹元宵

闹元宵，一个"闹"字尽显元宵节欢快的氛围。宋代人如何闹元宵？每逢元宵节，京城的百姓都要齐聚御街，一探"奇术异能"与"歌舞百戏"。南宋时，民众往往齐聚临安城内广场欣赏舞蹈表演。据文献记载，元宵节除传统歌舞表演之外，还有"胡女番婆""鞑靼舞老番人"等颇具特色的异域风情表演。

从南宋画家朱玉的《灯戏图》中可以看出，元宵节时，临安城内的歌舞队，前后簇拥连亘十余里，令人目不暇接。表演者或佩戴面具，或浓妆艳抹，跳着驱傩的舞蹈，

南宋朱玉《灯戏图》（局部）（周华斌摹本）

以此"消灾祈福"。为了便于歌舞队巡街环游，表演者多采用方响、嵇琴、鼓、板、笛等轻便的乐器演奏。表演结束后，官府还要给表演者一些"散钱"，也就是演出费，并设酒宴犒劳。如果歌舞队在某家店铺前驻足时间较长，

商铺店主还要赠予礼钱或礼品，以示酬谢。南宋词人姜白石在观看了临安元宵节的歌舞之后，不禁发出感慨："南陌东城尽舞儿，画金刺绣满罗衣。也知爱惜春游夜，舞落银蟾不肯归。"

宋人以词见长，仅《全宋词》中收录的元宵词就多达330首，足见人们对元宵节的重视程度。元宵节当天，民间多举办"猜灯谜""吟诗"等活动，对美好生活的追求是元宵诗词中必不可少的主题。

北宋的元宵词曲，大多以歌颂太平盛世为主，如欧阳修在《御带花》中表达了对元宵节的喜爱之情。李持正在《明月逐人来》中描写了元宵夜百姓倾城出动去街上观花灯、看热闹的情景，同时描写了皇帝的游赏情景，成千上万的彩灯堆叠在一起，熠熠生辉，一派全民狂欢的景象。

当然，盛世繁华不过是浮生一梦。"靖康之变"后，南宋人将对故国的思念及收复中原的渴望，都寄托于元宵节的诗词之中。品读南宋时期的元宵诗词，国仇家恨展露于字里行间，引发人们无限感慨。南宋女词人李清照的《永遇乐·元宵》就是典型的抚今追昔之作。此词运用对比手法，描绘了北宋都城汴京和南宋都城临安过元宵节的情景，借以抒发自己的故国之思，委婉展露出惆怅与悲凉之情。今人在诗词中品味宋代元宵节，别有一番滋味在心头。

气清景明
万物皆显

在中国人的传统生活中，清明是节气，也是节日。它是二十四节气之一，清明时节，农民种瓜点豆，蚕妇祀蚕神、修蚕具。同时，它又是中国重要的传统节日，每至清明，人们祭扫祖茔，也门前插柳，也去乡野踏青，也竞放纸鸢……通过这些仪式化的节俗活动，表达着人们现实的和信仰的诸多诉求。

节候与农事

作为节气，清明在汉初就被编入了二十四节气之中。按照古人的理解，此时万物洁齐，气候清爽，景色明朗，因此得名"清明"。根据"候应"的说法，清明有三候：初候桐始华，二候田鼠化为鴽（鹌鹑之类的小鸟），三候虹始见。意思是说，初候梧桐树开花；5 天之后，田鼠变成鹌鹑之类的小鸟；再过 5 天，天空开始出现彩虹。这其实是从《礼记·月令》"季春之月，……桐始华，田鼠化为鴽，虹始见，……"生发而来的。

对于南方的蚕桑产区来说，清明节是一个重要的时间节点。先秦历书《夏小正》就曾有三月蚕妾开始养蚕的记载。蚕妾，本指春秋时育蚕的女奴，后指育蚕的妇女，也称蚕妇、蚕姑、蚕娘。东汉崔寔《四民月令》也有清明蚕妇修整蚕具、打扫蚕室的记述。在后世的清明，蚕妇不只整理蚕具，也祭蚕神、禳白虎。俗信，蚕神是蚕桑的保护

南宋刘松年《蚕事图》

053

神，白虎则是蚕桑的天敌。在浙江乌青，清明节这一天，蚕妇要祭蚕神，名"清明利市"，谚云"清明大于年"；在浙江归安，家家户户用米粉制作白虎，扔到路上，谓之"送白虎"。

我国地域辽阔，农事活动并不一样。前述蚕桑产区有"寒食过了无时节，娘养蚕花郎种田"的农谚；而在我国北方地区，"清明前后，种瓜点豆"。清明时节，人们也占验天气和农事。在江西，"麦吃四时水，只怕清明连夜雨"；在湖北，"雨打墓头钱，今岁好丰年"；在河北，农民此月盼雨，有"麦收三月雨"的农谚。

种豆点豆

寒食与上巳

在中国人的观念中，节气与节日虽然都是时间节点，二者的内涵却并不完全一样：节气强调的是气候表征，节日突出的是习俗活动。节气可以转化为节日，前提是增加相对固定的节俗活动。清明本是节气，之所以演变成了传统节日，这与两个同样古老的节日——寒食节和上巳节有着直接的关系。

寒食节，又名"冷节""禁烟节"，因为禁火、吃冷食的节俗而得名。节期在夏历冬至105天后，也名"百五节"。俗传此节源起于介之推割股啖君的故事：介之推是春秋时晋国的贵族，曾随晋文公重耳流亡列国，割股肉供文公充饥。文公复国后，介之推不求利禄，与母归隐绵山（也名绵上，位于今山西省介休市东南，后也称介山）。文公焚山以求，介之推誓不出山，抱树而死。文公葬其尸于绵山，修祠立庙，并下令于介之推焚死之日禁火、冷食，以寄哀思。后世相沿成俗。

最早记录介之推事迹的是《左传·僖公二十四年》，其中提到了晋文公对介之推追随无所赏赐，介之推因此归隐，晋文公知道原委后很后悔，以绵山之田作为介之推的祭田；却并未提到割股、烧山、焚火之事。到了汉代蔡邕的乐府琴曲《琴操》，开始有介之推割股啖君的故事。但所说介之推被焚不得举火的日子是五月五日，也无冷食三日的说法。晋代陆翙的《邺中记》则有了禁火、冷食与介之推事联系而形成寒食节的完整版本。由此看来，介之推与寒食节，就如同端午节与屈原一样，皆为后人附会的结果。

事实上，寒食节的起源与古代先民对火的崇拜有关。在古人的观念中，火有新旧之分。据《周礼·秋官》记载，仲春之时，掌火官员要执木铎通知人们开始禁火，春末则再生新火。禁火之日不能生火，只能吃冷食。汉代以前禁火期为一个月；汉代定为清明前三天；唐宋时减为清明前一天。唐代之前，寒食节扫墓被视为"野祭"；到了唐代，寒食节扫墓被以政令的形式确立了下来。此后又有了踏青、蹴鞠、斗卵（斗鸡蛋）、荡秋千等节俗。

清明节蹴鞠

上巳节源于古人春天祭祀高禖的习俗。高禖是执掌生育和婚姻之神，人们祭祀高禖，或濯于水滨，或秉火求福。汉代以前，上巳节定为三月上旬的巳日；曹魏以后，则固定在三月三日，并形成了沐浴、簪花、游嬉、饮酒等习俗活动。

寒食、上巳与清明三个节日的节期相近，宋元之后，有些地方也有三节分过的，但多数地区还是把三节合为清明一节，因此出现了清明节看似矛盾的节俗内容：节日的主要活动是祭祖，祭祖的主调是悲情；祭祖之外，人们也郊外踏青、竞放纸鸢，这又带有欢娱的成分。

扫墓与插柳

扫墓本是寒食节俗，宋代以后，逐渐演变为清明节的主要习俗。明代刘侗、于奕正《帝京景物略》记载了明人清明扫墓的情景："三月清明日，男女扫墓，担提尊榼，轿马后挂楮锭，粲粲然满道也。拜者、酹者、哭者、为墓除草添土者，焚楮锭次，以纸钱置坟头。望中无纸钱，则孤坟矣。"延及后世，每逢清明节，人们为祖坟除草添土，或压纸钱于坟上，或悬纸钱于墓，酒肴祭奠，以寄托哀思。

插柳、戴柳也是寒食旧俗，唐代就已出现，宋元时已非常流行。据宋末元初周密文学家《武林旧事》记载："清明前三日为寒食节，都城人家，皆插柳满檐，虽小坊幽曲，亦青青可爱，大家则加枣锢（枣饼，用面粉和枣泥捏成燕子的形状，用柳条串起来插在门上，后世也

清明节插柳、戴柳

古诗中的清明

清明时节的节候特征在古人的诗文作品中也有描写。唐代诗人杜牧的一首《清明》脍炙人口，"清明时节雨纷纷，路上行人欲断魂。借问酒家何处有，牧童遥指杏花村"，诗的首句就点出了清明的气象特征。南朝才子丘迟的名篇《与陈伯之书》中有"暮春三月，江南草长，杂花生树，群莺乱飞"的名句，这是对江南三月物象的描写。

名子推燕）于柳上，然多取之湖堤。有诗云：'莫把青青都折尽，明朝更有出城人。'"在后世，柳则成了清明节的主要标识物：人们或插柳于门，或簪柳于首。插柳于门各地基本一致，但簪柳于首则有所不同：或男女皆戴，或妇女戴，或儿童戴；所戴之柳又有柳毛、柳尖、柳叶、嫩柳之别。

人们之所以插柳、戴柳，中华民国时期浙江《德清县新志》给出了一种解释："相传元人入主中土，防汉族严，编十家供养一蒙人以监之。汉人约于此日起义屠杀之，以柳为号焉。"插柳、戴柳习俗唐宋时就已出现，此说不足为信。在古人看来，柳有辟邪之用，北魏贾思勰在《齐民要术》中说"正月旦，取杨柳枝著户上，百鬼不入家"；柳又有延寿之功效，谚云"清明不插柳，红颜变皓首"。

娱乐与食俗

除了祭祖和插柳，清明节又有一些娱乐活动，并有一些特定的食俗。

清明这一天人们要放风筝，因此清明节也称"风筝节"。据清人潘荣陛《帝京岁时纪胜》记载："清明扫墓，倾城男女，纷出四郊，担酌挈盒，轮毂相望。各携纸鸢线轴，祭扫毕，即于坟前施放较胜。"在古人看来，放风筝有益儿童健康："引丝而上，令小儿张口望观，以泄内热。"

清明这一天也有踏青、荡秋千的习俗，南宋吴惟信《苏堤清明即事》诗云："梨花风起正清明，游子寻春半出城。日暮笙歌收拾去，万株杨柳属流莺。"女子在清明这一天多有秋千之戏，古人认为，女子荡秋千既可"摆疥"（除疾），也可"释闺怨"。

清明节放纸鸢

寒食节以冷食为节俗，自古就有一些特定的食俗。《邺中记》中有"寒食三曰，作醴酪"的记述，醴酪就是大麦粥。据南北朝时期宗懔的《荆楚岁时记》记载："去冬节一百五曰，即有疾风甚雨，谓之寒食。禁

清明节踏青

火三日，造饧大麦粥。"一直到隋唐时，大麦粥仍是寒食节的节俗食品。

后世清明节的特色食品——馓子，其实也是古人寒食所食之物。馓子为油炸的环形面食，古时称"寒具"。李时珍金陵本《本草纲目》记载："寒具，冬春可留数月，及寒食禁烟用之，故名寒具。……以糯粉和面，麻油煎成，以糖食之。可留月余，宜禁烟用。观

馓子

此，则寒具即今子也。"清同治浙江《丽水县志》记载："清明节，煮蓬叶为汁，和米粉为粔籹，谓之'青蓬点心'，又名'寒食果'，必献其先，盖禁火之遗意也。"粔籹指的就是馓子。

在山西，清明节上坟祭祖，人们要祭献"子福"。子福是一种面制品，里面裹上枣、豆、核桃等，上面盘上两条面蛇，正中心放一个鸡蛋，用蒸笼蒸熟即成。人们上坟祭

祖时献上，祭后全家人食用。按当地的风俗，子福只能凉着吃、干着吃，严禁蒸、溜以后吃。据说吃了蒸、溜后的子福，家里的支柱就软了。如清嘉庆山西《介休县志》记载："清明，富家设牲醴，鼓吹省墓。贫民亦造面饼，如盘蛇状，陈酒醴祭冢，归则曝面饼于篱棘上，俟干而后食。或谓取象龙蛇，寒食之遗也如。"其中的"面饼"就是子福。除了祭祖用子福，女儿出嫁后的第一个清明节，娘家还要送给女儿、女婿一对子福，女儿抱着子福到婆家祭祖、认祖宗。

在浙江，传说致蚕生病的邪祟叫"青娘"，它躲在螺蛳壳内，因此逢清明节，家家户户都要吃螺蛳。人们吃螺蛳时以针挑食，名"挑青"，谓能明目；把吃剩下的螺壳撒到屋上，称"撒青"，又称"赶白虎"，

青团

谓能祛蚕祟；祭扫祖茔时，也要把螺蛳撒到墓上，谓能繁盛子孙。除了吃螺蛳，清明节还要包粽子，人们吃粽子，祭祖也用粽子。在江浙一些地方，人们还用米粉和艾汁制

作青团子，称"清明团"。清明团油绿如玉，糯韧绵软，清香扑鼻，吃起来甜而不腻，肥而不腴。清明团的制作技艺最为上乘的当属浙江台州黄岩地区，黄岩当地清明节前后食用清明团的传统，已有上千年的历史。

清明祭扫各纷然

　　"佳节清明桃李笑""雨足郊原草木柔"。每年的4月4日前后，太阳到达黄经15°，就到了清明节气。《岁时百问》载："万物生长此时，皆清洁而明净，故谓之清明。""清明"二字表明天清地明的时刻已经到来，万木凋零的寒冬已经过去，大地上冰雪消融、草木萌动，一派欣欣向荣的景象。

清明前后，草长莺飞、桃红柳绿、春色宜人，人们结束了寒冷冬季的蛰伏，纷纷走向野外，亲近自然。清明外出扫墓、踏青的原始意义在于顺应天时，这个月春阳发泄、万物萌生，人们要以主动的姿态去顺应和促进时气的运行。外出扫墓、踏青，有助于人们吸纳大自然的纯阳之气，驱散积郁的寒气和抑郁的心情，催动生命的流转。

墓祭何时出现

俗语云："羊有跪乳之恩，鸦有反哺之义。"作为万物之灵的人类，自然知道感恩。中国历来有慎终追远、报本返始的传统。白居易在《清明日登老君阁望洛城赠韩道士》中云："风光烟火清明日，歌哭悲欢城市间。何事不随东洛水，谁家又葬北邙山。中桥车马长无已，下渡舟航亦不闲。冢墓累累人扰扰，辽东怅望鹤飞还。"清明是一个悼亡的日子，"三月清明雨纷纷，家家户户上祖坟"。每到清明，人们都忙着回乡上坟扫墓。

"南北山头多墓田，清明祭扫各纷然。纸灰飞作白蝴蝶，泪血染成红杜鹃。"诗中描写的是清明时人们到墓地祭祀的情景。古代从何时开始举行墓祭的呢？这个问题历来有不同的看法。东汉蔡邕提出"古不墓祭"，他说古代不在陵墓举行祭祖活动，皇帝的上陵之礼是从汉明帝开始的。后来唐代杜佑、清代顾炎武等人都支持蔡邕的观点，认为"古不墓祭"。但是清代阎若璩向蔡邕的观点提出了挑战，他引用了很多经史子集的材料，证明古代有墓祭存在。实际上，上坟扫墓、祭奠先人的墓祭习俗大约在春秋战国时期就已经出现。

《孟子·离娄章句上》中讲述了一个有关墓祭的故事。故事说有一个齐国人，家有一妻一妾。丈夫每次外出回来，一定喝得酩酊大醉，肚子吃得圆鼓鼓的。妻子问他与什么人一起吃喝，他说都是一些有钱有势的人。有一天，妻子尾随丈夫出了门，走遍城中，也没见一个人同丈夫打招呼。丈夫最后走到东郊外的墓地，径直来到祭扫坟墓的人群那里，讨了些饭菜。吃不够，又东张西望地跑到别处去乞讨了——这便是他每

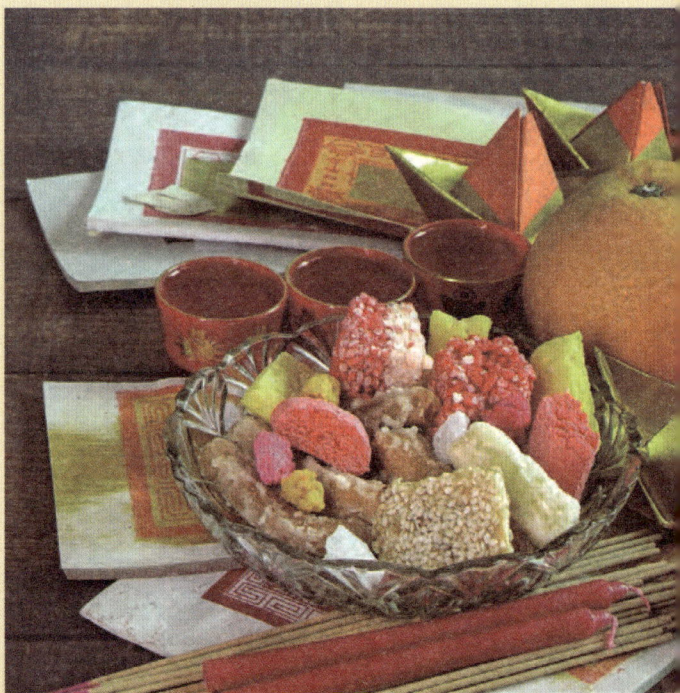

天吃饱喝足的办法。妻子回到家里，便把看到的事情告诉了妾："丈夫是我们仰望且终身依靠的人，现在他竟是这样！"于是二人便在院子里抱头痛哭，但她们的丈夫却什么也不知道。这个故事很有趣，孟子本意是讽刺那些道貌岸然的伪君子；不过通过这个故事，我们也看到战国时期民间广泛存在墓祭习俗。

墓祭有何仪式

墓祭一方面可以表达后人对祖先的孝敬与关怀；另一方面，在古人的信仰里，祖先的坟墓和子孙后代的兴衰福祸有莫大的关系，所以扫墓是一项不可轻视的祭奠内容。

古代的墓祭备受重视，往往要全家出动。清明扫墓之风在唐代已经非常盛行，柳宗元在《寄许京兆孟容书》中说"想田野道路，士女遍满，皂隶佣丐，皆得上父母丘墓"，可见当时扫墓之风十分兴盛。到了宋代，大儒朱熹在编订家族礼仪文本《家礼》时，也规定三月上旬人们要举行墓祭仪式。

祭祀之前首先要"培墓"，因为"暮春三月，江南草长，杂花生树，群莺乱飞"，荒野中冷落了一年的亲人坟茔早已杂草丛生，是时候清理了。于是祭祀前，家人拔去

清明节扫墓

坟头杂草，并将被风雨冲刷侵蚀的坟头重新培整。之后，
摆出各种祭品。山西万泉、荣河一带喜用面食祭品，其状
如兜鍪，蒸制而成，
俗称"子推"，荣
河县的"子推"还
"内装胡桃九枚，外
周围胡桃八枚，上
插鸡子"。据《东京
梦华录》记载，北

子推燕

宋东京"寒食前一日谓之'炊熟',用面造枣䭣飞燕,柳条串之,插于门楣,谓之'子推燕'"。

祭品摆放完毕,祭祀仪式正式开始。诵读祭文是传统祭礼的重要组成部分。春季是万物萌生之际,当人们看到草木新生,大自然焕发生机,在"三阳开泰""风消积雪""万汇迎新"的时候,为了表达虔敬之情,人们准备丰盛的祭品举行祭礼,表达心中的感恩之情,同时也希望获得祖先福佑,护佑家族兴旺发达。

仪式的最后,还要与家人共享祭祀祖先的酒食,意即分享祖先福佑,俗称"吃清明"。在山东威海、栖霞等地,全族公祭祖坟后,一起吃祭后的馒头及菜肴,称为"房食"或"祊社"。在浙江缙云,分食祭品叫"散清",在宣平则叫"吃清"。

近年来,传统祭礼的复兴备受关注。早在2008年,山西洪洞大槐树祭祖习俗被列入第二批国家级非物质文化遗产名录;2011年,在第三批国家级非物质文化遗产名录中,祭祖习俗包括山西沁水柳氏清明祭祖、浙江文成"太公祭"、福建宁化石壁客家祭祖习俗、广东揭东灯杆彩凤习俗、深圳福田区下沙祭祖五项;2014年,在第四批国家级非物质文化遗产名录中,祭祖习俗又增加了安徽祁门徽州祠祭、浙江兰溪诸葛后裔祭祖、陕西韩城徐村司马迁祭祀、凉山彝族祭祀四项。

　　对当代人来说，参加清明墓祭，不仅可以表达内心的感恩和孝思，追寻家族的过往，还可以获得归属感，实现自我身份认同。清明墓祭为人们架设起一座情感沟通的桥梁，让后人与祖先、人与人、人与自我之间进行一次倾心对话，感悟生命的美好。

粽香里的端午记忆

"粽子香，香厨房。艾叶香，香满堂。桃枝插在大门上，出门一望麦儿黄。这儿端阳，那儿端阳，处处都端阳。"这首童谣所唱的便是端午节。农历五月初五是中国民间的传统节日——端午节，也是中华民族最古老的传统节日之一。可以说，端午节是中国人最熟悉的节日，却也是中国人最陌生的节日。除了纪念屈原、赛龙舟、吃粽子，围绕端午节还有哪些鲜为人知的历史故事和丰富多彩的活动呢？

四大名著中的端午

在中国四大名著《水浒传》《三国演义》《西游记》和《红楼梦》中均有关于端午节的记载。

　　成书于元末明初的《三国演义》，关于端午的记载仅有寥寥几笔，且为隐蔽。在《三国演义》中描写曹操率军再次出征汉中，路过蔡文姬家，见墙壁上悬挂有"曹娥碑文图轴"，此处提到的曹娥是东汉孝女，传说其父溺水而亡，曹娥于端午日投江，五日后抱出父尸，民间也由此衍生出和曹娥有关的端午民俗活动。《水浒传》里有一首词详细描绘了宋代京城过端午节的情景："盆栽绿艾，瓶插红榴。水晶帘卷虾须，锦绣屏开孔雀。菖蒲切玉，佳人笑捧紫霞杯；角黍堆银，美女高擎青玉案。食烹异品，果献时新。弦管笙簧，奏一派声清韵美；绮罗珠翠，摆两行舞女歌儿。"绿艾、红榴、菖蒲、角黍……好一番诗情画意端午景。

　　《西游记》里唐僧师徒四人来到朱紫国，朱紫国国王对师徒四人说，他心爱的王后在3年前的端阳之日被妖怪抢走，当时他和王后妃嫔正在御花园中"解粽插艾，饮菖蒲雄黄酒，看斗龙舟"，其乐融融。《红楼梦》中也有许多关于端午节的描写，如书中写道："这日正是端阳佳节，蒲艾簪门，虎符系臂。"除此之外，书中还细致描写了入宫为妃的元春对贾府进行赏赐、王夫人操办赏午、香菱与他人斗草等与端午节密切相关的活动。

翻阅四大名著，我们可以发现书中提到最多的是"端阳"，这一叫法在南北朝时期宗懔的《荆楚岁时记》中有记载"因仲夏登高，顺阳在上"，五月是仲夏，它的第一个午日正是登高顺阳天气好的日子，故称五月初五为"端阳"。"端"有初始、开始之意，古人习惯上将五月的前几天以"端"来称呼。元代陈元靓《岁时广记》记载："京师市尘人，以五月初一为端一，初二为端二，数以至五谓之端五。""端五"就是"初五"。又按地支顺序推算，五月亦为"午月"，"五"与"午"音通，所以"端五"也作"端午"，又因"午时"为"阳辰"，故也称"端阳"。"端午"一词最早出现于西晋名臣周处的《风土记》，这本书现已成为现代人查考端午节等传统节日习俗的重要参考。

除了"端阳"的称呼之外，端午节还有20多个不一样的称呼，如端五节、重五节、重午节、天中节、夏节、五月节、菖蒲节、龙舟节、浴兰节、解粽节、女儿节，等等。每一个名称都代表了人们对端午这个传统节日的一种独特的理解。

端午与谁有关

除了有众多意义不同的"名字"之外，关于端午节的起源也有多种说法，大家最熟悉的就是屈原说。屈原是春秋时期楚国的大臣，他曾写

屈原祠

下《离骚》《天问》《九歌》等不朽诗篇，影响深远。公元前278年，秦军攻破楚国都城，屈原于五月初五投汨罗江

楚辞

中国战国时期兴起于楚国的一种诗歌样式。其名称最早见于西汉前期，汉人有时简称为"辞"，或连称为"辞赋"。楚辞中最有代表性的作品是屈原的《离骚》，因此后人也有以"骚"来指称楚辞。从汉代开始，"楚辞"又成为屈原等人作品的总集名。

楚辞的主要作者是屈原。他创作了《离骚》《九歌》《九章》《天问》等不朽作品。在屈原的影响下，楚国又产生了一些楚辞作者。据《史记》记载，有宋玉、唐勒、景差等人。现存的楚辞总集中，主要是屈原及宋玉的作品，唐勒和景差的作品大都未能流传下来。

而死。传说屈原死后，楚国百姓异常哀痛，纷纷到汨罗江边去凭吊。人们拿出准备的各种食物丢进江里，意在喂饱江里的鱼虾等，这样它们就不会去咬食屈原的身体。后来，慢慢演变为在每年的五月初五，开展吃粽子、喝雄黄酒、龙舟竞渡等民间风俗活动，目的都是为了纪念屈原。

　　在我国江浙一带，则流传着端午节是为了纪念春秋时期的名臣伍子胥的说法。伍子胥曾辅助吴王夫差打败越国，越王勾践请和，伍子胥建议夫差应彻底消灭越国，夫差不听，更听信谗言，赐死伍子胥。伍子胥自刎而死，死前说道："我死后，将我的眼睛挖出来悬挂在吴京之东门

上，亲眼看着越国军队入城灭吴。"夫差怒不可遏，命人于五月初五将伍子胥的尸体扔入江中。吴国百姓十分敬重和缅怀伍子胥，将

伍子胥雕像

其尸首打捞上来埋在吴县（今苏州市吴中区和相城区）胥口。此后，吴越人民奉伍子胥为江神、波神，还专门供奉

明代王宠临晋人《孝女曹娥碑》，卷前是仇英绘曹娥像

有伍相祠。2006年初,"伍子胥起源说"的苏州端午节被列入第一批国家级非物质文化遗产名录。

还有人认为端午节来源于曹娥庙中供奉的曹娥娘娘。曹娥是东汉上虞人,父亲溺于江中,数日不见尸体,为了找到父亲的尸身,她于五月初五投江,之后抱出父尸,就此传为佳话。人们被她的孝节所感动,将其殉父之处称作曹娥江,在其投江之处兴建曹娥庙,将其居住的村镇改名为曹娥镇。因为曹娥投江的那一天正是五月初五,很多人也将端午节视作怀念孝女曹娥的日子。

进入20世纪后,学术界关于端午起源的说法不一,闻

一多认为端午节起源于古代对龙的崇拜。他在《端午考》一文中提出端午节是吴越民族举行图腾崇拜的节日，是"龙的节日"。近代大量出土文物和考古研究证实，在新石器时代，长江中下游地区有一个以龙为图腾的部族——百越族，端午节就是他们创立的用于祭祀的节日。在数千年的历史发展中，大部分百越人已经融合到汉族之中，其余部分则演变为南方少数民族，因此，端午节也成为全中华民族的节日。

石榴花神美不美

"烈日烧成一树形，万花攒动火玲珑。高怀不与春风近，破腹时看肝胆红。"农历五月俗称榴月，五月盛开的石榴花艳红似火，因此古时许多女子都喜欢将石榴花戴在云鬓上。提到花神，大家脑海里就会出现诸如牡丹仙子一样美丽脱俗的女神形象。但今天我们要说的这位石榴花神，

石榴花

则会让人大跌眼镜。

关于五月石榴花神的传说，最著名的是钟馗。钟馗，生前性情暴烈正直，死后更誓言除尽天下妖魔鬼怪，其疾恶如仇的性格恰如石榴花般火热刚烈，适逢端午时节石榴花开，大家便把钟馗视为石榴花神。

除了将钟馗奉为石榴花神之外，人们还习惯于端午节时，在家门之上悬挂张贴钟馗画像，用以镇宅辟邪。只见画中的钟馗面貌狰狞可怕，手持宝剑，民间相传的"鬼王"果然名不虚传。据记载，钟馗在唐高祖武德（618～626）年间入京应试考取状元，但因相貌丑陋而被除名，他一怒之下触阶而死。唐高祖感动之余，便赐绿袍将其厚葬。钟馗死后成神，曾替唐玄宗捉鬼，后世便将他尊为"鬼王"。五月天气湿热，病疫流行，古人认为这都是恶鬼作怪，此时应请出钟馗来消灾解厄，这也是端午节张贴钟馗画像的缘由。

据清代《北平风俗类征》记载："五月初一至初五为端阳节，午时以朱墨画钟馗像，用鸡血点眼，俗称'朱砂判'者悬屋中，谓能驱邪。"《清嘉录》中也有相关记述："五月，堂中挂钟馗画像一月，以祛邪魅。"民间端午节挂贴钟馗画像，旁边多附对联一副："艾叶为旗，招四时之吉庆；菖蒲作剑，斩八节之妖魔。"

　　门上张贴钟馗画像远远不够，端午节时还有跳钟馗的活动，这是古徽州遗存下来的一种民俗表演。据称，跳钟馗流行于明万历（1573～1620）年间，距今已有400多年的历史。之所以在端午节演出跳钟馗，寓意消除五毒，驱邪降福，保佑百姓安康。跳钟馗以跳为主，形成一种独特的舞姿。表演时，最前边是"蝙蝠"，蝙蝠引路寓意引福，钟馗赐福，福满人间。只见"钟馗"手持宝剑，饮雄黄酒壮胆，奋勇斩杀"五毒"。"五毒"代表邪恶势力，危害人间。如今，每逢端午节，徽州民众依然会请出刚正不阿的钟馗出来造福人间。

跳钟馗

高规格的宫廷端午

明清时期，为驱疫辟邪，民间百姓过端午时多在门前悬挂艾叶和菖蒲，张贴钟馗像，佩戴香囊等，同时有赛龙舟、吃粽子、饮雄黄酒、吃五毒饼等习俗。皇宫里的端午习俗与民间大体一致，但相比之下，民间百姓的端午有"趣"有"味"，而皇宫帝王的端午则有"规"有"格"，皇家过端午更为精致讲究。

挂艾叶

一进五月，紫禁城里的人们就开始忙碌起来，这座金瓦红墙的宫城被装扮成"端午风"：厚重红漆的宫门旁摆放好菖蒲、艾叶；门上悬挂吊屏，上面绘有"降五毒"的故事。

刘若愚《酌中志》记载："五月初一日起，至十三日止，……门两旁安菖蒲、艾盆。门上悬挂吊屏，上画天师或仙子、仙女执剑降毒故事，如年节之门神焉，悬一月方撤也。"

宫里的贵人们也开始精心打扮起来：帝后妃嫔等要穿上绣有五毒、艾虎等图案的补子蟒衣，佩戴特制的绣有五毒图案的香囊和首饰。如清乾隆朝《穿戴档》记载，乾隆皇帝规定"每年五月初一日起挂五毒荷包"，以应节日气氛。故宫博物院收藏有一套清同治明黄色缎地平金银彩绣五毒活计，包括荷包、烟荷包、表套、扇套、镜子、粉盒、名姓片套等九件，通体以金

五彩绳

香囊

银线和五彩丝线绣五毒和大吉葫芦纹，即当时宫廷所用的端午佩饰，做工精美。

提到端午节的美食，大家第一时间想到的就是粽子。满族旧俗十分独特，端午节吃的不是粽子，而是一种被叫作椴木饽饽的食物。满族人也用椴木饽饽来祭神，清朝入关以后，紫禁城坤宁宫内五月祭神仍使用椴木饽饽。后来，皇帝入

粽子

乡随俗，端午节也开始吃粽子，并且数量相当惊人。据乾隆十八年（1753）《节次照常膳底档》记载，五月初一日至初五，乾隆皇帝的膳桌上一共摆了1332个粽子。皇帝当然吃不了那么多，大部分都用来赏赐，君臣共享粽子宴。这一天宫中的粽子消耗量极大，以至宫中的御膳房都忙不过来了。为了博得乾隆皇帝的欢心，御膳房的厨师们还要绞尽脑汁开发新品种的粽子，从外形、大小，到馅香选料

等，无一不考究。直到新开发设计的粽子获得了乾隆皇帝的满意批示，厨师们心里的一块石头才能落地。

包粽子的步骤

除了粽子，端午节时，皇帝还会赏赐大臣一种食物——枭羹。枭羹，即用枭肉制作的羹汤，汉代中后期直至明清时期，枭羹成为皇帝端午节赐宴中的特殊食物，是古代端午文化的一个重要组成部分。枭一向被视为食母的不孝之鸟。古人认为，枭在幼小时候，依靠母亲喂食，等长大后，一旦母鸟无法再提供足够的食物，就吃掉母鸟，扬长而去，品性极其恶劣。汉武帝以后，皇帝端午赐百官枭羹，除了寓意消除恶鸟、鼓励孝道之外，还旨在提醒大臣要对皇帝保持忠诚。苏轼曾在组诗《太皇太后阁》第六首中写道："长养恩深动植均，只忧贪吏尚残民。外廷已拜枭羹赐，应助吾君去不仁。"借赐枭羹以驱逐恶人、奸臣的政治象征意义由此可见一斑。明宣宗也作有《端阳赐宴诗》："南薰殿上日华明，文武衣冠总俊英。角黍蒲醪开宴集，何如往代赐枭羹。"

赛龙舟是端午节的传统项目，清代宫廷赛龙舟活动多在圆明园福海进行，届时，皇帝会亲临观看。《啸亭杂录》中就记载了在圆明园福海中龙舟竞渡的情景："……内侍习竞渡于福海中，皆画船箫鼓，飞龙鹢首，络绎于鲸波怒浪之间。兰桡鼓动，旌旗荡漾，颇有江乡竞渡之意。"乾隆皇帝观看龙舟竞渡后曾作《端午日奉皇太后观竞渡》诗一首，诗曰："宿雨初晴霁景鲜，承欢行庆荅芳年。惟欣爱日临任辇，讵拟薰风入舜弦。画鹢飞波迅于鸟，綵縆界道直如弦。远人许预天中赏，欲使重瀛盛事宣。"赛龙舟结束后，皇帝有时也会去戏楼看戏，演出的剧目多为驱邪避病的节令戏，主要内容为天师除毒、屈原成仙、采药伏魔等应时应景的题材。

北宋张择端《金明池争标图》局部

古代端午放假吗

　　普遍以节日为法定假日是从唐玄宗开元七年（719）开始的。"开元七年令"以国家法令的形式将20余个节日规定为国家法定假日，其中，端午节放假一天。金代专门制定放假制度，规定端午节放假一天；元代也规定端午节可以放假一天。明代，假日的数量和长度严重压缩，端午节假期被取消。到了清代，根据乾隆（1736～1795）年间的《大清会典则例》，端午节又可以放假一天。

古代过端午节，还有一件非常重要的事情，就是皇帝要赏赐皇亲国戚、大臣和外国使节等人。皇帝的赏赐之物五花八门，但都与端午节密切相关，如赏赐大臣乘坐龙舟游

端午送扇

湖，赏赐各种美食，除此之外，还会赏赐精美扇子、茶叶饮品和避暑药品等，这些赏赐虽非至宝，但也都是精细珍贵的好物件。

五彩缤纷的端午衣

古代过端午节，还有一件非常重要的事情，就是更换服饰。端午临近盛夏，暑气蒸人，必须更换夏装，由此还形成了端午赏赐布料和衣物的惯例。

赏赐季节性布料和衣物的做法早在汉晋时便已出现，唐代有了节令服的概念，有时在端午对部分官员加赐端午衣，作为过节的特别福利。晚唐五代以后，赐端午衣逐渐成为一项固定的正式制度被全面推行。据史料记载，明永乐十六年（1418）端午节，明成祖朱棣便曾赏赐大臣二品

金织罗衣。除了纱罗一类的应季织物外，在一些宫廷里举办的竞舟等端午活动中，皇帝还会依据获胜者身份、地位的不同，赏赐不同种类的布料。

既然是端午节令服，衣料上多织绣出各种应景纹样，最主要的题材是艾虎、五毒，此外还有天师、金鸡、五瑞、龙舟等系列图案，寓意驱邪避害，以辟瘟气。五毒一般指蛇、蝎、壁虎、蜈蚣、蟾蜍，通常还配合老虎、艾草等象征可灭除毒虫的纹样，并称为艾虎五毒。

穿艾虎纹样纱衣的习俗自宋代起便十分常见，《梦粱录》记载：五日重午节"御书葵榴画扇、艾虎、

五毒纹样

纱匹段，分赐诸阁分、宰执、亲王"。明末刘若愚的《酌中志》中详细记录了宫中不同节令使用的纹样服饰，五月初一日起至十日止，宫眷内臣穿五毒艾虎补子蟒衣。《清稗类钞》也有相关记载："初五日，大内演剧，所演为屈原

故事。而宫眷所蹑之履，则如小儿之虎头鞋，且簪绸制之小虎於冠。"人们认为老虎可以带来平安吉祥，慈禧太后在端午日也令宫眷穿戴虎形装饰。民间亦有为婴幼儿穿戴虎头帽、虎头鞋的习俗，以保孩童健康平安成长。

虎头帽

古代的女儿节
——七夕

在中国传统节日的习俗中，颇有一些习俗活动是以女性为主角的，比如正月十五的卜紫姑、正月十六日的走百病、清明节的荡秋千，等等。亦有一些节日在地方上就有女儿节的称呼，比如北京一带的端午节和重阳节。不过，若从更广泛的范围而言，最当得起女儿节之称的还要数七夕节。七夕节在传统社会主要是一个以女性为主体的民俗节日。早在南北朝时期，宗懔的《荆楚岁时记》中就已明确记载："是夕，人家妇女结彩缕，穿七孔针，或以金银鍮石为针，陈瓜果于庭中以乞巧。"后世相关文献中，鲜有不提到"女"这个字眼的，还有许多地方就将七夕节称为"女儿节"或"女节"。

丰富多彩的节俗活动

七夕节是中国传统社会的女儿节，种种节俗活动所表达和传递的主要也是女性的愿望与心声。

乞巧是七夕节最重要的习俗活动，不同地方乞巧的方式也不同，有穿针乞巧、观影乞巧、蜘蛛乞巧、通过祭拜织女乞巧等等，不一而足。穿针乞巧即穿针引线，谁穿得又准又快就为巧，带有赛巧的性质。为了增加活动的难度和趣味，对月穿针、暗处穿针、背手穿针等方法也被发明出来。观影乞巧即将一些东西放入水中观察其所呈现的物影来乞巧，所放东西多为

观影乞巧

针、巧芽、草等。蜘蛛乞巧是将蜘蛛装于盒内或用碗覆盖，并根据一定的标准来判断是否乞得巧来，如有以是否

结网为标准的，若结网
就得巧；有以所结网丝
多寡为标准的，网结得
越密表示乞到的巧越多；
有以网结得是否有条理
为标准的，有条理则谓
得巧；还有以蛛丝是否
穿针为标准的，若蛛丝
穿过针孔即为得巧。经

蜘蛛乞巧

过占验，得巧者无不欢天喜地，大家向她表示祝贺；未能
得巧者，往往沮丧叹息，甚至啜泣痛哭。除此之外还有看
巧云、吃巧果、食巧饭等乞巧方式。

南宋佚名画作《七夕乞巧图》

众多乞巧活动大都是女子们自己的发明，不仅带有明显的竞赛意味，而且富于生活情趣，它们刺激着娇儿女娃们带着既兴奋不已又忐忑不安的心情投入其中。乞，是追求，是期望，在"家家乞巧望秋月，穿尽红丝几万条"的诗句里，在女子得巧则欢喜、不得则伤悲的情感表达里，我们看到心灵手巧和容颜美丽是她们共同的追求和对自我的期许。

在传统社会中，女性的心灵手巧无疑是和女红、中馈紧密联系在一起的。生活经验和社会对女性角色的期待令乞巧活动更多体现在针线（丝）运用和饮食制作等方面。而女子们周期性地参加乞巧活动，则确认并且强化了女性对于何为"巧"的理解和认知。

　　乞美是七夕节另一种重要的习俗活动。许多地方都有接露水的做法，中华民国二十五年《路桥志略》载："'七夕'，妇女用各种鲜花盛水盆内借以承露，曰接牛女眼泪，洗眼濯发，谓能明目美鬟。"明嘉靖（1522～1566）年间的《姑苏志》则描绘了一幅更加动人的情景：七月七日夜，天上一弯月亮与群星争辉，院子里树一竿青翠欲滴的竹，上面戴着硕大的荷叶，那是女子们的"承露盘"。第二天一大早，她们就会喝掉承露盘中的露水。传说七夕节时的露水是牛郎织女相会时的眼泪，如抹在眼上和手上，可使人眼明手快，还会令人变得美丽。在广西某些地区还有"储水"的习俗，认为用"双七水"洗浴能消灾除病，体弱多病的孩子也常在此日将红头绳结7个结戴在脖子上，祈求健康吉祥。

浙江——七夕香桥会

　　在浙江省嘉兴市秀洲区古窦泾村有七夕香桥会的民俗活动。每年农历七月七日，人们都赶到这里参与搭制香桥。所谓香桥，即用各种粗长的裹头香（以纸包着的线香）搭成的长四五米、宽约半米的桥梁，装上栏杆，于栏杆上扎上五色线制成的花装饰。入夜，人们祭祀双星，乞求幸福吉祥，然后将香桥焚化，象征着双星已走过香桥欢喜地相会。传说香桥是由牛郎织女故事中的鹊桥衍化而来的。

　　妇女七夕洗发也是特别的习俗，在湖南、江浙一带均有相关文献记载。例如湖南湘潭地区《攸县志》："七月七日，妇女采柏叶、桃枝，煎汤沐发。"而散文名家琦君（浙江籍）的《髻》也提到其母与叔婆等女眷都在七夕沐发。传说年轻姑娘在节日时用树的液浆兑水洗头发，不仅可以保持年轻美丽，而且未婚的女子还能尽快找到如意郎君。这项习俗大约和七夕"圣水"的信仰有关。人们认为，七夕这天取泉水、河水就如同取银河水一样，具有洁净的神圣力量，有的地方直接叫它"天孙（即织女）圣水"。因此女性在这天沐发也就有了特殊意义，代表用银河里的圣水净发，必可获得织女神的护佑。

银河

染指甲是流传在中国西南一带的七夕习俗，四川、贵州、广东均有此风。用花草染指甲是大多数女子与儿童们在节日娱乐中的一种爱好，也与生育信仰有密切的关系。综上所述，在七夕节的乞美活动中，更多体现了女性对容貌美的追求，在她们那里，容颜不仅与先天的自然条件有关，而且与后天的保养与修饰有

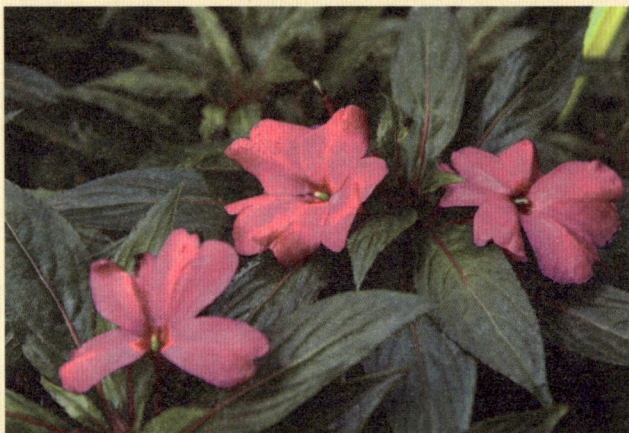
凤仙花

关。利用生活中可取的资源（露水、凤仙花等）为自己的美丽服务，这当然是一种积极的、值得倡导的人生态度。

趣谈"七娘会"

在广东，清代和中华民国时期尤为重视七夕节，并流传有许许多多有趣的风俗。清代屈大均在《广东新语》中便记载了清初"七娘会"的盛况。七娘会，民间多称"拜七姐"，此活动在广州西关一带尤为盛行。活动一般是在少女少妇中进行（男子与老年妇女只能在一旁观看，并

行礼祭拜），预先由要好的十数名姐妹组织起来准备"拜七姐"，在农历六月份便要将一些稻谷、麦粒、绿豆等浸在瓷碗里，让它们发芽。临近七夕就更加忙碌，要凑一些钱，请家里人帮忙，用竹篾纸扎糊起一座鹊桥并且制作各种各样的精美手工艺品。

牛郎给织女发一封电子邮件要多少年

在神话传说中，牛郎和织女在七夕通过鹊桥相会。而事实上，他们的相会有相当大的难度。牛郎星和织女星彼此相隔有16.4光年。一封电子邮件1秒钟能跑30万千米，1光年约为10万亿千米，步行走过鹊桥，大概需要2亿多年。这个距离对目前的交通工具来说，只能是望洋兴叹。这样的话，就算发一封电子邮件，也要约17年才能收到。

到七夕之夜，便在厅堂中摆设八仙桌，系上刺绣台围（桌裙），摆上各式各样的花果制品及女红巧物，大显女儿们的巧艺。有用剪纸红花带围着的谷秧、豆芽盘，盘中点着油灯，灯光透出彩画薄纸灯罩，艳彩夺目；有精心布置的插花，幽香四溢的白兰、茉莉、素馨等鲜花插在花瓶里；有把苹果、桃、柿子等生果切削拼叠成各种鸟兽等形状的果盘；还有寸许长的绣花衣裙鞋袜及花木屐，用金银彩线织绣的小罗帐、被单、帘幔、桌裙，指甲大小的扇子、手帕，等等，总之越细致越显得巧。同时，还要挂一盏盏的玻璃或彩纸的花灯、宫灯及柚皮灯、蛋壳灯（上绘山水花鸟图案）、动物形灯等。

　　最惹人爱的是女儿们用彩绸扎制的精美的雏偶，即布娃娃。雏偶有牛郎、织女及一对小儿女的形象，一般放于上层，下边是吹箫弹琴舞蹈的小儿形象，庆贺双星相会之意；还有"西厢""红楼""杨门女将"等成套的戏剧人物形象。化妆用品也是必不可少的供品，有小胭脂盒、镜、彩梳、绒花、脂粉等，既供织女使用，也供女儿们自用。此外就是甜咸点心、茶、酒、瓜子、花生等食物，还要在烛台、香炉上插上香烛，并用最好的檀香点燃。

　　女儿们在七夕夜要尽情梳妆打扮，用天河水沐浴、洗头发，然后换上锦绸裙袄或旗袍；头上梳发髻，戴上白兰、素馨等花饰，再画眉、抹脂粉、点绛唇、额上印花，

并用凤仙花汁染指甲。经过这番打扮，女儿们一个个如同仙子下凡，围坐于八仙桌旁和鹊桥边上，进行各种游戏。或自娱自乐，吟诗作对、行令猜谜；或指点天上北斗七星（相传织女是七星姐妹中的一员）及双星，讲述牛郎织女的故事及诗文典故；或请来歌姬演唱粤曲、演奏音乐，兴致浓时，女儿们也会自奏琴箫等乐器。半夜 12 点为织女下凡之吉时，此时所有的灯彩、香烛都点燃，五光十色，灯火辉煌。姑娘们兴高采烈地穿针引线，喜迎"七姐"，到处欢声鼎沸。诚如清代《羊城七夕竹枝词》所说："绣闼瑶扉取次开，花为屏障玉为台。青溪小女蓝桥妹，有约会宵乞巧来。"

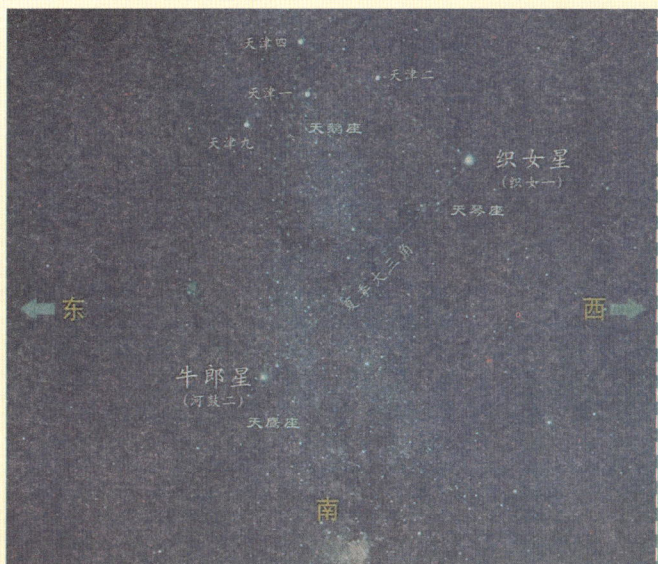

夏夜大三角

夏季星空东南方向，由几个星组成的三角形。

由织女一（天琴座 α）、河鼓二（天鹰座 α）和天津四（天鹅座 α）三颗亮星为顶点构成的假想三角形。夏季大三角是北半球夏季夜空最显著的标志。

明代仇英《乞巧图》

重阳节为什么成为敬老节

　　重阳节是一个重要的传统节日。古时候，人们很重视重阳节。每逢重阳节，人们要登高、佩茱萸、喝菊花酒、吃重阳糕。现在，说起重阳节，人们就会和尊老、敬老联系起来。这是因为1987年，北京市人民代表大会常务委员会通过决议，确定每年农历九月初九为北京市的敬老日。随后，甘肃、山西、上海、天津、广东、浙江等地也将重阳节定为当地的"敬老日""老人节"或"老年节"。1989年，中国政府将每年的农历九月初九定为老人节，将传统与现代和谐地结合起来，使这一传统佳节成为尊老、敬老、爱老、助老的新式节日。2013年开始实施的《中国老年人权益保障法》中规定"每年农历九月初九为老年节"，目的在于"保障老年人合法权益，发展老龄事业，弘扬中华民族敬老、养老、助老的美德"。

古时祈寿习俗

重阳节成为法定的敬老节有什么依据呢？首先，重阳节在古代本来就有祈求健康长寿的用意。重阳节最初起源于对"大火星"消失的恐惧，祈求"大火"再生，让人们重新获得"天时"；后来人们将秋尝、秋社等习俗复合到重阳节节俗之中，使原来的登高避灾演变为登高祈福，其中，祈寿习俗尤为突出。晋人葛洪说重阳节饮菊花酒"令人长寿"，南北朝时期宗懔的《荆楚岁时记》注文中也记述了当时的北方重阳节节俗："今北人亦重此节，佩茱萸，食饵，饮菊花酒，云令人长寿。"

重阳节在后世成为祝寿节、老人节。在壮族的一些地区，九月初九是祝寿节。壮族老人60岁生日时，子孙要为老人添置一个寿粮缸。此后，每到九月初九，晚辈都要给寿粮缸添粮，直到添满为止。这缸粮米称为"寿米"，平时不能食用，只有老人生病时才煮给老人吃，据说此米能帮助老人恢复健康，延年益寿。缸里的米不能吃完，否则不长寿，晚辈要在重九这一天添满米粮，出嫁的女儿也在这天拎着新米回来"补粮缸"。

因重阳节得名的重阳木

中国特有树种，产于秦岭、淮河流域以南至福建、广东北部，生于海拔1000米以下的山地林中，在长江中下游平原地区常见栽培，华北地区有少量引进栽培。有人说重阳木在重阳节时落叶，故称重阳木；也有人说人们重阳节登高时在树冠繁茂的重阳木下纳凉，故有此名；还有人说重阳木长寿，"久久"与"九九"谐音，故得名。人们常常借重阳木表达美好情感、寄托美好愿望。重阳木承载着吉祥长寿、祛病消灾的寓意，被人们称为"千岁树""风水宝树"。

尊老、敬老传统

将重阳节和敬老联系起来并非时代的创造，而是有着深厚的历史根基。中国是传统的农业国度，历史上素有尊老、敬老的传统。《礼记·王制》中记载凡养老之礼，从前有虞氏用燕礼、夏朝用飨礼、殷朝用食礼，到了周代，仍循行这一惯制，一年之中，兼用燕礼、飨礼和食礼。人到了50岁就有资格受养于乡，60岁受养于国，70岁则受养于大学。从王室到诸侯各国，都实行这种养老制度。而且，周代养老礼的最后还要分别宴请"国老"（有爵位和有德行的老年现任或退休官员）和"庶老"（庶民中的老者），让他们发表言论、传授经验，教育年轻人。

先秦时期，每年的仲秋之月，天子都要养护衰老之人，给予他们几案、手杖和米粥饮食。关于手杖，史书中常称"高年授王杖"。杖是由皇帝所赐，所以称为王杖。王杖的头部有鸠鸟图案，因而又称之为鸠杖。

汉代铜鸠杖首

汉代以孝治天下，鸠正式成为敬老的"代言鸟"。汉代徐宪因思亲敬老，被称为"白鸠郎"。《后汉书·礼仪志》中记载，按照当时的规定，每年仲秋之月，各县、道都要清查户口。对 70 岁的老人要赐给王杖，并提供易消化的精美饮食；对八九十岁的老人，还有其他礼物赏赐。王杖有 9 尺长，上端饰有鸠鸟的图案。这个月还要在国都南郊的老人庙里举行祭拜老寿星的礼仪，由此可见汉代对尊老、敬老的重视。

重阳糕

　　唐代，朝廷赏赐老人谷物布帛。贞观三年（629）四月，唐太宗颁布诏书："凡八十岁以上老人，赐给谷物二石。九十岁以上的，赐给谷物三石；百岁老人则额外加赐绢二匹。"在家庭生活方面，如果家里有"男人七十，女人七十五以上者，皆给一子侍"。为了表示对老人的优待，有时皇帝还亲自宴请耆老，礼待百岁老人，唐高宗时还赏赐老人荣誉官衔。宋代依然重视敬老。宋淳化四年（993）春二月的一天，宋太宗下令以布帛赏赐京城的老人，百岁以上的，每人加赐一条涂金带。这一天大雪纷飞，非常寒冷，太宗又命人给那些孤苦无依的老人送去粮食和木炭。

宋仁宗时还赏赐老人茶叶、布帛，并依照惯例免除他们的徭役。宋代敬老还有一个突出的特点，就是对孝行进行旌表，以示榜样。

明洪武二十年（1387）六月，明太祖下令让礼部尚书李原名推行养老制度。在此之前，太祖召见李原名时说："尊重老人是用来教化人们的敬老美德，侍奉长辈是为了教化人们的孝顺之心。虞、夏、商、周之时，朝廷无不崇尚尊老敬老之风，举行养老敬老的礼仪，所以全国百姓人人讲求孝悌，民风淳朴，天下太平。今天我诏告天下各级

明代陈淳《重阳风雨图》

官吏推行养老制度，凡是年纪八九十岁且在乡里有好名声的老人，地方官吏要定期上门慰问。如果家贫没有产业，年纪八十岁以上的每月赐给大米五斗、酿酒之米三斗、肉五斤；九十岁以上的，再加赐布帛一匹、棉絮一斤。如果老人有田地家产可以养活自己的，只在岁末赐给一定数量的酒、肉、棉絮和布帛。其中，应天、凤阳二府年纪九十岁以上的富有之民，赏赐里士爵位；八十岁以上的赐予社士爵位，并免除其家庭的徭役。我担心有些官吏不能很好地执行这个命令，你就秉承我的旨意，责成他们认真施行吧。"

清顺治元年（1644）规定：凡七十岁以上的人，无论百姓还是军人，均免除其差役；八十岁以上的赐给绢一

九月九日忆山东兄弟

【唐】王维
独在异乡为异客，每逢佳节倍思亲。
遥知兄弟登高处，遍插茱萸少一人。

匹、棉花十斤、米一石、肉十斤，九十岁以上的加倍发给；德高望重受乡里百姓尊敬的老人，则赐给表示官位的顶戴，使他们荣耀乡里。另外，千叟宴是清朝尊老、敬老的文化象征，康熙（1622～1722）、雍正（1723～1735）、乾隆（1736～1795）年间曾多次举办千叟宴。关于千叟宴，还流传着一个风趣故事。1785年的千叟宴上有一位141岁的老者，乾隆皇帝和纪晓岚专门为他作了一副对联。乾隆皇帝上联说"花甲重开，外加三七岁月"，纪晓岚略加思索后对曰"古稀双庆，内多一个春秋"。

关爱老人从我做起

从历史传统来看，中国自古就有尊老、敬老的传统。到了当代社会，老龄化趋势加重，敬老、养老的问题变得更加突出。我们把重阳节确定为全民尊老、敬老的节日，有利于提高全社会的敬老意识，营造安定和谐的社会氛围。

设立敬老节或老人节是世界上许多国家的通用做法。1990年，根据第45届联合国大会一致通过的第106号决议，每年的10月1日为国际老年人日。加拿大则将这一天定为每年的6月21日，韩国为每年的5月8日，智利为每年的 10 月 15 日，日本为每年的 9 月 15 日。这一天全国各地都为老年人举办种庆祝活动，老人们盛装接受儿孙及亲友的祝贺，并参加各种节日活动。

中国是历史悠久的农业国度，重阳节是感恩自然馈赠、传承历史记忆、重温人间亲情的重要传统节日。当下，重阳节敬老传统得到全社会的高度重视，重阳节也肩负起关爱老人、培养良好家风民风的时代使命。

舌尖上的中秋

中秋节是农历八月最重要的节日。作为民间大节，中秋节的民俗活动十分丰富，包括拜月、赏月等，天上的圆月与人间的团圆、丰收联系了起来，赋予了节日美满、喜庆的气氛。俗话说，民以食为天，中秋节的食俗也是多种多样，各地的中秋美食令人无限神往。

祭月时的食物

农历八月十五这天，人们一大早就开始为晚上的祭月做准备，洒扫庭院，备办各种供品。民间童谣唱道："八月十五月儿圆，西瓜月饼供神前。"月饼与瓜果是中秋祭月的主要供品。月饼是不可或缺的，除了一般的月饼，民间还用一种大的团圆饼以祭月。中秋节时正逢大量鲜果上市，人们便以之献月，如石榴、梨、枣、栗子、柿子、胡桃等，鲜藕和红菱是江南一带常见的供品，两广地区则多用芋头、橘柚拜月。

　　华北地区祭月必用西瓜，这些西瓜是在收获季节精心挑选出来的，特意保存下来以备祭月之用。民间以西瓜取音于喜、取形于圆、取瓤于红、取子于多，意喻一家人欢

欢喜喜、团团圆圆、红红火火、多子多福。祭月时要将西瓜切成莲花瓣状，这可能与佛教崇莲有关，也可能带有"连生贵子"的祈愿。

毛豆是中秋特有的供品，据说是专为月中玉兔准备的（兔子喜食毛豆），也带有尝新的意思。山西地区多精选嫩黄豆角，连皮煮熟，以其色金黄喻金秋，以此祈望丰收；山东地区则多给兔儿爷奉上一捆青豆。

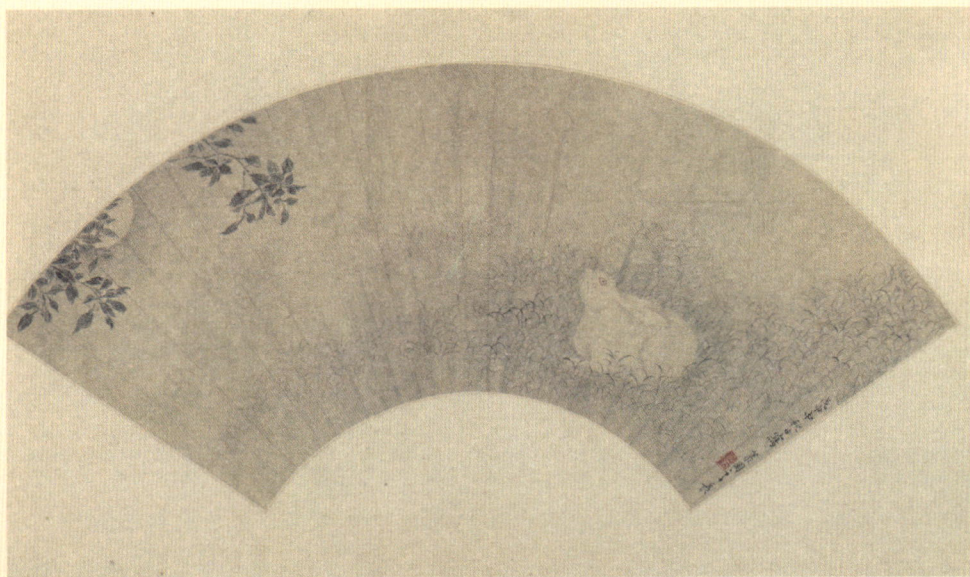

清代李世倬《桂花月兔图》扇页

祭月的瓜果供品还被赋予吉祥寓意，传达着人们追求幸福美好生活的愿望。上海人家要供四色鲜果，多为菱、藕、石榴、柿子等，寓意"前留后嗣"，还有煮熟的毛豆荚、芋艿，称为"毛一千，余一万"，以讨吉利。在江苏连云港，讲究的人家必备八大件：取意团圆的西瓜、取其多子的石榴、寓意事事如意的柿子、寓意长寿的花生（因花生又称长生果）、寓意早立子的枣和栗子，以及谓之"螃蟹爬月"的螃蟹，还有一块特大的"团圆饼"（也称光饼）。供品中不能有梨，因谐音"离"而不吉利。北京上供的鲜果有苹果、石榴、晚桃、青柿子、葡萄等，讲究的人家要将柿子和苹果成对供上，取谐音"事事平安"；桃与石榴相对，取"桃献千年寿，榴开百子图"之意；枣和鲜栗子可撒于苹果、柿子之间，寓意"早早平安""利市"。除瓜果、月饼外，在广西崇善，人们要买猪肉、鸡鸭、米粉以供神；在江苏常州的供品中还有染成红色的鸡蛋。

代表性食物

　　月饼是中秋节最具代表性的节日食品，因其形圆似月，故而得名，也称"团圆饼"或"月团"。月饼既是中秋祭月的供品，又是每家必吃的应节食品，还是节日馈赠中不可或缺的礼品。圆圆的月饼象征着天上的满月，寓意人间的团圆，寄托着人们追求团圆美满的美好心愿。

旧时祭月必用一种特制的月饼，较日常月饼"圆而且大"，俗称"团圆饼"。各家在糕饼铺订购或自行蒸制一个特大月饼。大月饼表面印有月宫蟾兔、嫦娥奔月、吴刚伐桂以及福禄寿喜等吉祥图案。老北京饽饽铺出售的团圆饼是以白糖、冰糖渣、桂花、桃仁、青红丝为馅，以香油和面烤成。家庭自制的大面饼以红糖为馅，有的则嵌枣，老北京人还在表面用木戳或临时采摘的花果（如麻果）蘸胭脂印上红花，然后蒸熟或烙熟。

祭月完毕后，依人数平均切开，每人一块，凡家庭成员一概有份，取合家团圆之意；对于佣闲的、仆人、听差的、管事的则一律不分给，即"不与外人团圆"。

江苏徐州称为"得月沾光"，每人所分得的一份多数是当时吃掉，也有的留至除夕再吃；在外未能回家者，也要

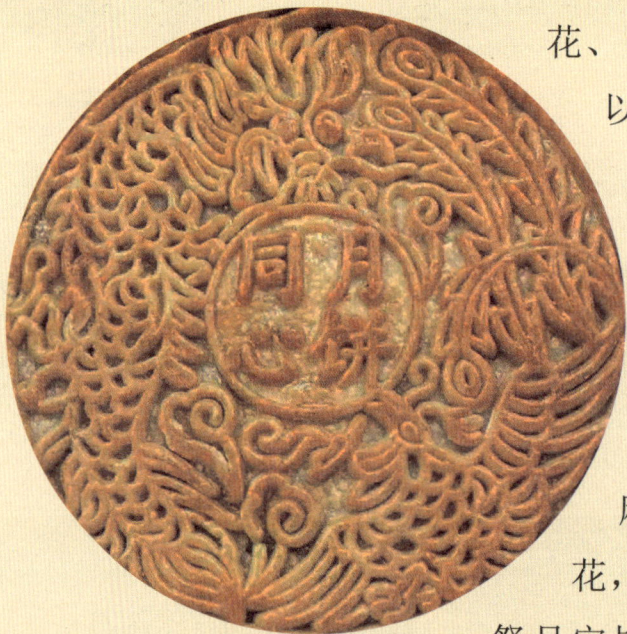

给其留出一份，家人仔细收藏，待他回家后享用，或是直接寄给本人。

　　作为食品的普通月饼，旧时除了在糕点铺买，多数人家都是自制，称为"打月饼"，以麦面、黍面或米面包糖、

枣馅，或蒸或烤制成。在山西，每逢节日临近，村村都要架炉，或是在家中自制月饼，或是将备好的材料交由手艺高超的师傅制作。在内蒙古武川，中秋节正逢农民秋收之际，家家都须制作月饼，用白面、红糖、山油调和制成，用以敬神和馈赠。民间还有一些奇形月饼，山西繁峙习惯把中秋月饼做成球形；晋西北地区的农家在打月饼时，特

意做一些兔子形状的小月饼，作为送给孩子的礼物，取意月中玉兔，表达对孩子的祝福。

在山东济南，月饼大小成套，祭月时摆起来像个宝塔；江苏地区则称之为"套饼"，从大到小依次叠放，可达 8 ～ 10 层，最上面放一个"白兔捣药"。在福建福鼎，月饼又称"饼头"，有美人式、孩儿式、八景式、八果式、八宝式、百子式、角饼、碎饼等多种形制。浙江温州的月饼主要有大月（大如盘，无馅，外敷芝麻）、三锦（即普

中秋节拜兔儿爷

　　在北京，中秋节要拜兔儿爷，这一习俗最早见于明人的记述中。民间传说，北京城里曾闹过一场瘟疫，是月亮上的玉兔偷了仙药跑到凡间，医治好了那些患病的老百姓。为了感谢玉兔，人们用泥塑造玉兔的形象加以祭拜，并尊称它为"兔儿爷"。

　　兔儿爷一般用黄泥制成，或手工捏塑，或砖模刻塑。传统兔儿爷的外形多呈兔首人身状，武将装束，左手托臼，右手执杵，作捣药状。有穿甲胄者，有带狐尾者；有的默坐于静物之上，有的骑坐在动物之上。一般认为，人们之所以祭拜兔儿爷是源于古人对健康的期盼。在民间传说中，兔子身居月宫，又司职捣药，是医者的化身，人们供奉它，是希望祛病除灾、家人健康。兔儿爷要年年请、年年送。每年农历八月十五请来新的兔儿爷后，要把上一年请的兔儿爷摔碎。请兔儿爷叫"请祝福"，送兔儿爷称"送健康"。

121

通的酥皮月饼)、空心饼(圆形中空,内馅以糖,外敷芝麻)3种,此外还有一种印成鱼、龙、麟、凤的饼饵,叫"赏月食"。

无钱买月饼的贫苦之家会自制一些代替品,如旧时在浙江文成山区用番薯和芋头切成片状以代替月饼,上海的穷苦人家和农民大多自制南瓜饼代替月饼。

特色团圆饭

除了月饼,吃团圆饭也是中秋节必不可少的。中秋夜,全家团圆,共聚一堂,举行家宴,吃团圆饭、喝团圆酒。

旧时北京中秋节的主食一般为烙饼,因烙饼是圆的,

形如圆月，象征团圆；菜品随时令和家境而定，富足之家尽享佳肴珍馐，贫苦之家至少也要割几斤肉，炒几个菜，买两包月饼，打两瓶酒，把这个大节过得像个样子。在山东微山湖地区，兄弟中有外出未归者，餐桌上也要给他摆置碗筷，以示对游子的思念与祝福。

中秋节这天，早餐和午餐一般也要加以改善。在山东济南，早餐吃米饭，中午吃水饺；胶东地区中午蒸馍馍、包子。江苏地区的人要自做糖饼或烂面烧饼，当作早晚充饥的食物。广西地区则多吃米粉。

四川人中秋节时有打粑的习俗，即将糯米蒸熟杵烂，做成饼状，并敷以黄豆粉，另捣胡麻仁、杂砂糖拌食，并杀鸭子、吃麻饼、蜜饼等。在川西地区，烟熏鸭子是中秋节必备佳品，因那时当年生鸭已长大，肥瘦适宜。师傅选当年生的仔鸭，宰杀后褪尽羽毛，开膛取出内脏，洗净后，去翅尖、鸭脚，加盐腌渍一夜后，入沸水中略烫至皮紧，捞出抹干水分，置熏炉

中，用稻草烟熏至茶色，出炉放入卤锅中卤熟，食时改刀装盘，色泽金红、肉质细嫩、烟香浓郁的烟熏鸭即成。

在山东即墨，中秋节要吃一种叫"麦箭"的应节食品，是用白面摊成煎饼，加上肉馅或素馅，然后用秫秸卷成筒状蒸熟，吃时加上调料，味道十分鲜美。湖南蓝山过中秋节盛行吃角黍（即粽子），"家家用箬叶裹糯作角黍，多则实角黍于瓦缸，围稻草，燃而熟之，其风甚盛"。浙江武义在赏月时也吃粽子和蒸糕等。在吉林地区，中秋这天，人们普遍休息一天，杀猪宰羊，备办丰盛酒席，日间开宴畅饮以贺中秋。

中秋尝鲜

中秋饮食的一个特点是尝新、尝鲜，包括吃各种时鲜瓜果蔬菜、饮新酒等，有"秋尝"的意思。

八月初新芋成熟，芋头成为中秋时鲜食品，各地都有过节食芋头的习俗，也带有"荐新"之意。在广西桂平，拜月多用芋头，故中秋又称"芋头节"。在广东，人们煮芋置酒赏月，据说是为纪念元末起义之事，中秋节起义反元时，曾以敌兵的头祭月，后来改以芋头代替，至今广东人剥芋皮时仍称作"剥鬼皮"。在海南临高也有"剥鬼皮"

之说，是在中秋夜对月剥去天南星皮而后食之。在江苏地区，烧芋艿是中秋的应时食品之一（另有煮藕粥、剥紫熟菱）；在中秋早晨祀祖时，还要吃桂花糖芋头；在江阴地区，中秋食芋子，因芋谐音"遇"和"育"，故取月圆遇合和育子之意。

"八月十五桂花香"，桂花正当开放，中秋佳节也便有喝桂花酒的习俗。节日这天，卖桂花酒的店铺生意特别好。太湖之滨的苏州光福镇盛产桂花，当地有一种名为"桂花聚"的小宴会，邀集亲朋欢饮，席上都是用桂花做成的各式点心，如桂花猪油年糕、桂花酒酿汤圆、桂花栗子糖藕、桂花糖芋艿等，芬芳浓郁，沁人心脾。此外，各地还有一些

清代孙温绘全本《红楼梦》图之《赏中秋新作得佳识》

特殊的中秋饮食习俗。在广东增城，人们习惯在中秋之夜剥蕉、分柚、掰芋、嚼螺，皆对月剖弃外皮，名为"剥疵癞"，认为可去除疥癞；在始兴，妇女对月剖柚，谓食之目明；广州及珠江三角洲一带，为了纪念教人们编织草鞋的张果老，人们每年中秋节以田螺拜祭张果老，拜后大家一同呒食田螺，据说可使眼睛更明亮。四川合川过中秋节，各家多不茹荤，故称之"素节"。在贵州兴仁，小儿女于月光中炊食，谓之"煮月亮饭"。皓月当空，美食在前，举杯祝愿，幸福团圆。

玉兔号月球车

玉兔号是我国首辆月球车。2013 年 12 月 15 日，嫦娥三号顺利登月玉兔号从嫦娥三号中走出，顺利驶抵月球表面。2016 年 7 月 31 日晚，玉兔号光荣"退休"，创下了在月球上工作了 972 天的纪录。2019 年 1 月 3 日，玉兔二号月球车与嫦娥四号成功分离，在月球背面留下了人类月球车首个清晰的印记。这是人类首次实现月球背面着陆，成为中国航天事业发展的又一座里程碑。

《中国首次落月成功纪念》邮票，邮票内容分别为嫦娥三号着陆器和玉兔号月球车